_____ 님의 소중한 미래를 위해
이 책을 드립니다.

내 사주
스스로 보기

내 사주
스스로 보기

세상에서 가장 쉬운 '셀프사주' 책

장세엽 지음

메이트북스

메이트북스

우리는 책이 독자를 위한 것임을 잊지 않는다.
우리는 독자의 꿈을 사랑하고,
그 꿈이 실현될 수 있는 도구를 세상에 내놓는다.

내 사주 스스로 보기

초판 1쇄 발행 2018년 8월 30일 | 초판 2쇄 발행 2022년 4월 5일 | 지은이 장세엽
펴낸곳 ㈜원앤원콘텐츠그룹 | 펴낸이 강현규·정영훈
책임편집 안정연 | 편집 남수정 | 디자인 최정아
마케팅 김형진·서정윤·차승환 | 경영지원 최향숙 | 홍보 이선미·정채후
등록번호 제301-2006-001호 | 등록일자 2013년 5월 24일
주소 04607 서울시 중구 다산로 139 랜더스빌딩 5층 | 전화 (02)2234-7117
팩스 (02)2234-1086 | 홈페이지 matebooks.co.kr | 이메일 khg0109@hanmail.net
값 25,000원 | ISBN 979-11-6002-158-5 13150

잘못 만들어진 책은 구입하신 서점에서 교환해 드립니다.
이 책을 무단 복사·복제·전재하는 것은 저작권법에 저촉됩니다.

운명은 인생의 50%에 대한 결정적 요소이기는 하지만
나머지 50%는 우리 자신이 지배할 수 있다.

· 마키아벨리(『군주론』의 저자) ·

| 차례 |

지은이의 말 _ 내 사주를 알아야 복을 짓는다 10
들어가며 _ 자신을 알아야 자신을 긍정할 수 있다 13

이 책의 활용법 16
'사주풀이 키워드' 신청 정보 17
이 책으로 얻을 수 있는 '사주풀이' 예 18
독자가 제공받을 '사주풀이 키워드' 예 23
'사주 명식'의 용어 26

1부 기본 사주풀이, 스스로 보기

1장 개관 : 나는 음의 사람인가, 양의 사람인가? 32
2장 개관 : 나는 어떤 오행의 사람인가? 35
3장 개관 : 나는 10개의 천간 중 어디에 속하는가? 41
4장 개관 : 나는 60간지 중 어떤 사람인가? 46
　　〈사주 Tip〉 현대인의 상식인 사주역학 64
5장 성격 : 나의 자기중심성은 어떠한가? 67
6장 특성 : 나는 어떤 격의 사람인가? 75
7장 취약성 : 팔자 중 오행과 십신의 태과 95
8장 취약성 : 팔자 중 오행과 십신의 불급 103
　　〈사주 Tip〉 좋은 사주, 나쁜 사주 110
9장 취약성 : 허공의 공망(空亡) 113
10장 사주의 변화 : 조화와 생산의 합(合) 118
11장 사주의 변화 : 충돌과 갈등의 충(沖) 126

12장 나의 인간관계 : 사주와 십신 **132**
    〈사주 Tip〉 미래는 없다는 말의 속뜻 **145**
13장 사주의 동력(動力) : 12운성 **148**
14장 인간관계와 동력 : 십신과 12운성 **162**
15장 삶의 자극제 : 신살(神殺) **183**
    '기본 사주풀이' 결과 예시 **196**

2부 생활 사주풀이, 스스로 보기

1장 부모 복 **204**
2장 공부 복 **211**
3장 직업 복 **217**
    〈사주 Tip〉 인생의 4가지 구분 **233**
4장 재물 복 **237**
5장 출세 복 **240**
    〈사주 Tip〉 상생구조의 인테리어 **243**
6장 배우자 복 **246**
7장 노후 복 및 자식 복 **250**
    〈사주 Tip〉 운명을 마주하는 용기 **257**
8장 건강 복 **260**
9장 복을 부르는 습관인 생활 복 **266**
10장 미래 복 **271**
    '생활 사주풀이' 결과 예시 **288**

    나오며 _ 이 책으로 자신을 알고, 인생을 설계하라 **291**
    참고문헌 **294**

| 도표 차례 |

음양의 특징 34
오행의 의미 40
10천간의 형상 45
60간지 46
자기중심성에 따른 오행별 성정 74
내격의 종류와 내용 81
오행의 태과 98
십신의 태과 102
오행의 불급 106
십신의 불급 109
지지 삼합의 종류와 직업 125
사주 위치에 따른 12운성의 의미 160
비견 / 겁재와 12운성 166
식신 / 상관과 12운성 170
편재 / 정재와 12운성 174
편관 / 정관과 12운성 178
편인 / 정인과 12운성 182

년주를 통한 부모 복 207
월주를 통한 부모 복 210
월지의 십신에 따른 전공 216
일간의 오행별 직업 221
십격별 직업 225
용신의 오행별 직업 229
용신의 십신별 직업 232
12운성에 따른 운기와 재복 239

12운성에 따른 운기와 출세 복 242
일지의 십신을 통한 배우자 복 249
일간의 강약과 시주의 십신에 따른 노후 복 및 자식 복 256
오행의 태과 불급에 따른 질병 265
용신의 오행과 복을 부르는 습관 270
운(運)별 조치 277
대운 흐름의 형태 279
10년 단위 라이프 사이클 280

지은이의 말

내 사주를 알아야
복을 짓는다

　사람들은 좋은 일이 있거나 나쁜 일이 있거나를 막론하고 끊임없이 복을 달라고 졸라댄다. 나쁜 일은 없애주고 좋은 일은 더 달라고 말이다. 복은 돈과 명예와 사랑과 건강을 일컫는다. 복은 공짜로 주어지는 것이 아니고 지어야 얻을 수 있다. 복을 짓는 방법은 '내가 누구인지를 깨닫는 것'이다. 그래서 선현이 말하기를 "복을 받고 싶으면 복을 좇을 일이 아니라 자신이 누구인지를 알도록 하라"고 하지 않았던가!

　내가 누구인지를 깨닫는 것이 복을 짓게 되는 이유가 뭘까? 사람이 누릴 수 있는 복은 한정되어 있는데 누리고 싶은 욕구는 무한하다. 조물주는 공평하게도 누구에게나 모든 복을 다 갖게 하지는 않는다. 복은 이 사실을 깨닫고 세상을 대하는 마음의 소유자 몫이다. 한마디로 복은 자각(自覺)하는 만큼 얻을 수 있다는 말이다. 이런 사람만 행복할 수 있다.

자신의 복을 담을 그릇 크기를 아는 것이 자각이다. 이 책은 자각의 한 방법으로 사주역학이 제시하는 '자아(自我) 발견서'이다. 이 책을 통해 우리 모두 자신을 발견하는 복을 지어보자. 행복이 한걸음 가까이 내 곁에 와 있을 것이다.

2014년 가을 『누구나 쉽게 따라 하는 사주풀이』란 책을 내고 많은 사랑을 받고 있으나 사실은 독자들께 미안한 마음을 감출 수가 없었다. 실제로 책 제목과 같이 '누구나 쉽게 따라하는 사주풀이' 책이 아니었던 것이다. 누구나 책의 내용대로 따라 하면 자신의 사주풀이가 가능할 수 있도록 구상하고 만들었지만, 실제로는 거의 전문가 수준이 되어야 볼 수 있는 책일 정도로 어렵다는 평가를 많이 들었기 때문이다.

그래서 독자들께 진짜로 쉽고 간단하게, 그러나 결코 가볍지 않은 '자아 발견서'가 될 수 있도록 하기 위해 이 책을 내게 되었다. 이 책으로 전번 책이 어려웠던 것에 대한 죄스러움을 떨쳐버릴 수 있을 것 같다. 역학에 관한 지식이 전혀 없이도 누구나 자신의 사주를 볼 수 있도록 치밀하게 구성한 책이기 때문이다.

『누구나 쉽게 따라 하는 사주풀이』가 사주역학을 연구하고자 하는 분이 원리를 이해하고 판단을 통해 자신의 사주를 풀이하는 책이었다면, 이 책은 사주풀이를 위한 판단이 필요 없이 제공받은 키워드(소프트웨어)를 책(하드웨어)에 대입만 하면 사주풀이가 가능한 책이다. 사주를 보는 요소를 망라하고 중첩되게 해 정확도는 더 높아지고 풀이는 더 쉬워졌다. 그러므로 자신뿐 아니라 주변 사람 누구나의 사주풀이도 이 책 한 권으로 가능하다.

사주를 처음 접하는 사람의 경우 1시간 30분 정도면 풀이가 가능하다. 연세가 좀 있는 분이라도 2~3시간이면 충분히 풀이가 가능하다.

취업이나 진로, 결혼 등의 고민에 우울해하는 2030 젊은이는 물론이고 생활 전선에서 치열하게 살고 있는 40~50대 사회의 주역들과 인생의 황혼기에서 자신의 삶을 반추하고자 하는 60~80대분들까지 이 책이 자신을 아는 소중한 계기가 되고 위로가 되기를 바란다. 또한 딸을 둔 부모가 내 사위될 사람의 사주를 풀이해보는 등 그때그때 궁금한 사람의 사주를 항상 이 책으로 해결할 수 있는, 각 가정에서 상비하는 국민 책이 될 수 있기를 바란다.

장세엽

들어가며

자신을 알아야
자신을 긍정할 수 있다

어느 CEO가 강연에서 "당신 회사에 입사하려면 뭘 준비해야 합니까?"란 청중의 질문에 "지원하고자 하는 부서의 전문성에 대한 당신의 수준을 정확히 안다면 취업은 무난할 것입니다"라고 말했다. 목적지를 가려 해도 현재 나의 위치를 모르고는 한 발자국도 갈 수 없는 것처럼 자신을 잘 알 것을 강조하고 있다.

사람들은 인생을 살면서 시행착오를 반복하는 것 외에 자신을 알아가는 방법은 별로 없다. 그래서 자신을 알고자 하는 몸부림은 철학과 종교 또는 힐링이란 이름으로 이어져 오고 있다.

다가온 4차 산업혁명으로 세상살이의 편의성은 극대화될 것이나 인간성은 반비례해 왜소화될 것이다. 따라서 '나는 누구인가?'에 대한 의문 또한 커져갈 것이다. 이 책은 '나는 누구인가'에 대한 화두를 가진 사람들이 자신의 사주팔자를 스스로 풀이할 수 있도록 도와주는 '셀프사주' 책이다. 여타의 사주풀이 책들과 차별화되는 이 책만의 장점은 꽤나 많다.

첫째, 이 책은 독자로 하여금 사주역학에 대한 전문지식을 전혀 요구하지 않는다. 사주팔자에 대한 구체적 키워드를 제공받아 책을 통해 사주풀이가 가능하기 때문이다. 키워드는 저자의 홈페이지(www.selfsaju.com)에서 확인 가능하다.

둘째, 독자의 사주풀이에 필요한 25가지 키워드가 제공된다. 먼저 자신의 성격과 특성, 취약성, 인간관계, 삶의 동기 및 자극제 등을 밝혀낼 수 있는 15가지 키워드를 통해 '기본 사주풀이 결과'를 얻을 수 있다. 다음으로 부모 복, 공부 복, 재물 복, 출세 복 등을 알 수 있는 10가지 키워드를 통해 '생활 사주풀이 결과'를 얻을 수 있다.

셋째, 독자 스스로 라이프 사이클(life cycle)을 그려볼 수 있다. 사주역학의 가장 큰 매력은 미래를 예측할 수 있다는 것이다. 대운(10년 단위 운의 흐름)과 세운(당해 연도의 운)에 대한 흐름을 파악하는 '미래 복'의 여부로 미래를 예측할 수 있다. 독자는 자신의 대운과 세운에 대한 길흉 결과에 따라 라이프 사이클을 그려봄으로써 언제 '나아가고' 언제 '머물 것'인지를 알 수 있다.

중국의 당나라 때 지금의 모습이 된 사주역학은 자연의 이치를 체계화한 학문이다. '바꿀 역(易)'자를 쓰는 사주역학은 국가

차원에서는 변화와 혁신을 도모하는 통치 이데올로기였고, 개인차원에서는 자신의 미래를 예측하고 옳은 삶을 살도록 변화시켜 나가는 수신(修身)의 기능을 가졌다.

그러나 사주역학은 세태의 흐름과 함께 오랜 기간 제도권에서 소외되면서 사람의 길흉화복(吉凶禍福)을 점치는 술수로만 여겨졌다. 미신으로 치부하는 부정적 사회 인식과 '베일 속의 학문'이라는 인식이 사주역학을 어려운 학문으로 느끼게도 했다. 특히 사람의 미래를 훤히 꿰뚫을 수 있는 것처럼 행세하는 사람이 있어 경계해야 할 대상이 되기도 했다.

하지만 세상이 달라졌다. 오늘날의 사주역학은 현대인의 상식이라고 해도 과언이 아니다. 누구나 쉽게 접근이 가능하고, 삶의 긍정적인 힘을 주기 때문이다.

운명에 끌려가는 인생이 아닌 운명을 끌고 가는 삶을 살기 위해서는 자신을 제대로 알 필요가 있다. 자신을 알면 자신을 긍정할 수 있고, 자신을 긍정하고 수용하면 타인에 대한 원망과 불평불만도 줄어들고, 그만큼 행복은 커질 것이다.

힐링은 거창한 것이 아니다. 힐링은 '자신을 똑바로 보는 것'이다. 이 책을 통해 자신을 제대로 알고, 나아가 가족과 이웃과 직장 사람에 대한 이해와 사랑의 폭을 더욱 넓혀보자.

이 책의 활용법

① 이 책은 사주를 보기 위한 책이나 사주역학에 관한 지식이 전혀 없어도 사주풀이를 할 수 있도록 만든 책입니다.
② 대신에 저자가 제공하는 '사주풀이 키워드'를 필요로 합니다. '사주풀이 키워드'를 받으시려면, 다음 쪽에 있는 '사주풀이 키워드' 신청 정보를 참조하시면 됩니다.
③ 사주풀이를 쉽게 하기 위해서는 먼저 이 책을 꼭 일독하실 것을 권합니다.
④ 1부인 15개 요소의 '기본 사주풀이'를 위해 31쪽의 '기본 사주풀이' 양식을 활용해 각 요소마다 제공받은 키워드에 따른 선택한 내용을 기입해나가면 됩니다. '기본 사주풀이' 결과의 모양은 196쪽 '예'를 참조하십시오.
⑤ 2부인 10개 요소의 '생활 사주풀이'를 위해서는 203쪽의 '생활 사주풀이' 양식을 활용해 '기본 사주풀이' 방법과 동일하게 풀이할 수 있습니다. '생활 사주풀이' 결과의 모양은 288쪽 '예'를 참조하십시오.
⑥ 이 책은 독자 자신뿐 아니라 누구라도 사주를 보고자 할 때 키워드를 제공받고 사주 풀이를 할 수 있는, 각 가정마다 가지고 있어야 할 상비책입니다.

'사주풀이 키워드' 신청 정보

독자의 '사주풀이 키워드'는
→ 저자 홈페이지 www.selfsaju.com의 '독자코너'에서 확인한 사항을 이메일로 신청해서 무료로 제공받을 수 있습니다.
→ 영수증을 스캔 / 캡쳐해 첨부해야 '사주풀이 키워드'를 받을 수 있으므로 이 책을 구입한 영수증을 꼭 챙기시기 바랍니다.

이 책으로 얻을 수 있는 '사주풀이' 예

1부 : 15개의 '기본 사주풀이' 결과

장	구분		결과
1	개관	음양	• 소극적이면서 매사에 침착하고 내부적 안정을 추구하며, 내향성임. 그래서 정적이고 가정 중심적임 • 실리를 중시하고 과업지향적이라 냉정함. 가능한 많은 정보를 얻은 후에 혼자서 의사결정을 하는 독재적 리더십 스타일임
2		나의 오행	• 매사에 희망적 • 인간의 5가지 성정 중 인(仁) • 원만한 성격으로 어질고 강직해 교육자가 제격
3		나의 천간	• 적응력도 있으면서 욕심도 많음 • 주변의 눈치를 살피는 편 • 머리가 영리하고 고집이 있고 자존심이 강함
4		나의 일주	• 약하고 외롭기 쉬움. 따뜻한 봄에 태어나면 귀격 • 평생 먹고사는 데는 문제가 없는 명식
5	성격	자기중심성	• 균형된 일간으로 자신감, 추진력, 리더십이 있고 의지의 사람으로 타인의 인정을 구하지 않음. 지나침도 없고 부족함도 없는 중용의 성정을 가짐. 다정다감하며 타인을 신뢰하고 경우가 바름 • 목(木)이라 성격이 원만하고 타인에 대한 이해심과 측은심이 깊으며 권선징악의 가치관을 가짐
6	특성	내격	• 그릇이 크고 리더십이 있음 • 자존심과 자신감 및 자립심이 강함. 경쟁심도 있으면서 새로운 일에 대한 의욕이 강한 의지의 사람임 • 고집이 있고 비타협적이며 시시비비를 가리기를 좋아하는 면이 있어 이 점을 잘 제어할 필요가 있음 • 재복은 없는 편임
		외격	• 건강하고 장수하나 재물은 잘 모아지지 않음 • 공직자나 봉급생활자의 직업이 좋으며, 고향을 떠나 자수성가해 출세함
7		태과	• 유연성이 지나쳐서 정신력이 허약해질 수 있음 • 토(土)가 약해지므로 부자가 되기 어려움 • 토 성질인 비위(脾胃)가 약함 • 승부욕과 고집이 셈 • 안하무인격이 많음 • 남성의 경우 처와 자식에 풍파가 많음

8	취약성	불급	• 마음의 갈증을 많이 느낌 • 융통성(응용력)이 부족함 • 해외 발복으로 유학과 해외여행이 좋음 • 신장과 방광이 약하고 당뇨가 오기 쉬움
			• 학문에 집착하고, 남의 간섭을 싫어함 • 행동의 제어가 약하고 즉흥적임
9		공망	• 리더로 대장노릇을 함 • 재물로 인한 어려움이 많음 • 남성은 처복이 약하거나 처를 상하게 할 수 있음
			• 어머니와의 인연이 적음 • 인격이 떨어지고 도의에 어긋난 짓도 함 • 부부 해로가 어려울 수 있음
10	사주의 변화	합	• 점잖고 엄숙하며 위세가 당당함 • 변덕, 잔인, 색정이 있음
			• 봄 처녀(20대)와 가을 남자(60대)의 만남 • 지혜롭고 총명하며 문예에 강함
			• 가족 간에 화목함. 용모가 수려하며 총명, 정직, 원만한 인격자 • 목(木)과 관련된 영농, 종묘, 원예, 목장, 섬유, 펄프, 건축자재, 토목건축, 가구 등의 직업이 좋음
11		충	• 파란, 이동, 동요가 심함 • 특히 건강에 유의해야 함
			• 신변의 이동이 많고, 심신이 모두 동요가 많음 • 근심걱정이 많고, 부부 및 가족 간에 불화 • 간과 폐계통의 질병을 조심해야 함
12	인간 관계	사주와 십신	• 종교나 영성에 관심이 많음 • 부모와 다른 삶을 살게 됨
			• 담백하고 성실해 자수성가하나 인생 후반에 발복함 • 파란과 굴곡이 있는 편
			• 자기 노력한 만큼의 대가로 살아감 • 남성은 첩 같은 부인을 만남
			• 자식이 총명하나 속을 썩임 • 노후가 편안함
13	나의 동력	사주와 12운성	부친은 자수성가. 어린 시절에 유복함
			일찍 독립해 자수성가함
			강한 경제관념이 있고, 차분한 성격
			신체 허약함. 자식걱정이 있음. 자식과 떨어져 사는 게 좋음
14	인간 관계와 동력	십신과 12운성	형제·친구로 발전함
			재물이 흩어져 가업이 쇠퇴함
			재산을 모으기만 하고 쓸 줄을 모름

15	삶의 자극제	신살	천간	(초년) 국록을 받는 공무원의 명으로 출세가 빠름
				(장년) 주위의 존경을 받고 윗사람으로부터 후원을 받는 등 타고난 복이 많아 어려움을 당하지 않음
				(노년) 보이지 않는 도움을 받는 길신으로 무인도에서도 살아남을 만큼 보이지 않는 덕이 많음 (노년) 용두사미격인 끈기 없는 성격은 보완이 필요함
			지지	(청년) 권위와 권력의 길신으로 군이나 관으로 진출 시 성공 가능성이 높음. 자존심이 강하고 충실하나 고집이 셈
				(장년) 여러 가지 장애로 매사가 답답하게 되는 흉살임. 신체적 발육이 부진해 성생활을 기피하는 섹스리스가 될 수도 있음
				(노년) 수해, 가뭄, 폭풍, 벼락 등 천재지변의 피해를 조심해야 함
			기타	(노년) 이성의 인연이 희박하고, 종교에 독실함

2부 : 10개의 '생활 사주풀이' 결과

장	구분		결과
1	부모 복		• 가난한 집안 출신 • 어려서 생가를 떠남
2	공부 복		• 머리가 영리함 • 유학과 해외여행이 좋음 • 융통성(응용력)이 부족함
			기억력이 부족함
			관성이 있어 공부의욕이 있음
3	직업 복	잘하는 직업	목재, 임업, 이들의 제조업, 사회사업, 교육사업 • 자존심이 강해 남 밑에 못 있어 개인사업 • 업무 영역이 확실한 공무원, 교사 등 봉급생활
		하고 싶은 직업	주유소, 전기, 제철, 대민봉사 • 말·끼, 재주 발휘 업무 • 활동적이고 적극적인 일
4	재물 복		• 평생 먹고사는 데는 문제가 없는 명식 • 재복은 없는 편 • 부자 되기가 어려움 • 재물로 인한 어려움이 많음
			재복은 보통
5	출세 복		• 관(官)쪽으로 아쉬움이 있음 • 직장에서 간부급까지 발전함 • 군이나 관으로 진출 시 크게 성공함
			출세복은 있음
6	배우자 복		• 공처가 • 처에 풍파가 많음 • 처를 상하게 하거나, 처가 무력해 덕이 없을 수 있음 • 첩 같은 부인 만남 • 파혼하기 쉬우며 올바른 가정생활이 힘듦
			첩 같은 부인으로 부담스러우나 명쾌함
7	노후 및 자식 복		• 자식이 총명하나 속을 썩임 • 자식에 풍파가 많음 • 자식과 떨어져 사는 게 좋음
			• 자식 복이 약하나 노후에는 좋음
8	건강 복		• 건강하고 장수함 • 비위(脾胃)가 약함 • 유연성이 지나쳐서 정신력이 허약 • 신장과 방광이 약하고 당뇨가 오기 쉬움 • 간과 폐계통의 질병을 조심해야 함
			• 비장과 위장, 폐와 대장을 조심해야 함

9	생활 복		• 계절은 여름이 좋으므로 여름을 잘 활용해야 함 • 책상이든 침대든 남쪽을 바라보게 배치하는 게 좋음 • 쓴맛의 음식과 과일을 지나치지 않다면 챙겨 먹음 • 옷은 물론 방과 사무실 등 생활공간을 빨간색으로 디자인함 • 2와 7이 행운의 숫자
10	미래 복	대운	• 이 사람은 왕성한 활동이 가능한 20대와 50대의 청년기와 장년기에 절정의 운을 누린 반면, 대흉운의 기간이 없고 흉운도 그 기간이 짧으면서 인생 후반에 배치되어 있어 전반적으로 보통 이상의 운명을 지닌 사람임 • 10대 때는 흉운으로 불우한 환경에서 성장했으나, 20대에는 대길운이라 원하는 학교를 졸업하고 사회에 진출해 주변 사람들의 부러움을 받았음 • 20대 후반에 결혼을 하고 평운인 30~40대에 평범한 직장생활을 지속하다가 대길운인 50대에 자신의 능력을 한껏 발휘해 인생의 절정기를 보내고 있음 • 50대 후반부터 쇠퇴기에 접어들어 흉운인 60~70대에는 다소 힘든 생활이 예측되는 사람
		세운	• 2018년은 대운과 세운이 대길로 일치하므로 탄탄대로가 될 것 • 신살도 길신인 암록으로 보이지 않는 덕이 추가되어 기분이 좋음 • 흉신인 천살은 대운과 세운이 대길운이므로 작용력은 미미할 것이나 천재지변에 관한 사전점검은 필요함 • 2020년과 2022년은 흉운이나 대운이 대길운에 있어 흉운을 거의 고려하지 않으나 일을 추진하는 데 다소 유의할 필요는 있음 • 2020년의 길신인 천을은 기대하기가 어렵고 도화도 흉신으로 작용할 가능성이 크므로 조심해야 함 • 2022년에도 흉신인 망신이 들어 있어 구설과 자동차 사고를 조심해야 함

독자가 제공받을 '사주풀이 키워드' 예

이정남(남, 양력 oo63년 4월 8일 19:30생 00세)의 명식

병(丙)	을(乙)	신(辛)	계(癸)
술(戌)	축(丑)	묘(卯)	묘(卯)

1부 : 기본 사주풀이 키워드

장	구분		키워드	
1	개관	음양	음	
2		나의 오행	목	
3		나의 천간	을	
4		나의 일주	을축	
5	성격	자기중심성	균형	목
6	특성	격국	내격	비견격
			외격	건록격
7	취약성	태과	오행	목
			십신	비견
8		불급	오행	수
			십신	인성
9		공망	지지	술 해
			십신	정재, 정인
10	사주의 변화	조화의 합	천간 합	병신
			지지 합	묘술
			지지 삼합	해묘미
11		갈등의 충	천간 충	을신
			지지 충	묘유
12	인간 관계	사주와 십신	년주	편인, 비견
			월주	편관, 비견
			일지	편재
			시주	상관, 정재

13	사주의 동력	사주와 12운성	년지	건록
			월지	건록
			일지	쇠
			시지	묘
14	인간 관계와 동력	십신과 12운성	년지	비견과 건록
			월지	비견과 건록
			일지	편재와 쇠
			시지	정재와 묘
15	삶의 자극제	신살	천간	관록(초년), 복성(청년), 암록(노년), 비인(노년)
			지지	장성(장년), 월살(청년), 천살(노년)
			기타	평두(노년)

2부 : 생활 사주풀이 키워드

장	구분		키워드						
1	부모 복	년주	편인, 비견						
		월주	편관, 비견						
2	공부 복	총명성	수/화/목 여부 : 수 없음						
		공부의욕	인성/관성 여부 : 관성 있음						
		전공	월지 십신 : 비견						
3	직업 복	잘할 수 있는 직업	일간 오행 : 목						
			격국 : 비견격/건록격						
		하고 싶은 직업	용신 오행 : 화						
			용신 십신 : 상관						
4	재물 복	12운성	양(養)						
5	출세 복	12운성	관대(冠帶)						
6	배우자 복	일지 십신	편재						
7	노후 복 및 자식 복	일간의 강약	신강						
		시주 십신	상관, 정재						
8	건강 복	태과 불급	목 태과, 수 불급						
9	생활 복	용신의 오행	화						
10	미래 복	대운	주기	1	2	3	4	5	6	7	8

			나이	7~16	17~26	27~36	37~46	47~56	57~66	67~76	77~86
			내용	경인	기축	무자	정해	병술	을유	갑신	계미
			평가	흉	대길	평	평	대길	흉	흉	평
		세운	년도	2018년	2019년	2020년	2021년	2022년			
			내용	무술	기해	경자	신축	임인			
			평가	대길	평	흉	평	흉			
			신살	암록, 천살	복성, 지살	천을, 도화	월살	망신			

25

'사주 명식'의 용어

	시주	일주	월주	년주
십신	상관	자신	편관	편인
천간	병(丙)	을(乙)	신(辛)	계(癸)
지지	술(戌)	축(丑)	묘(卯)	묘(卯)
십신	정재	편재	비견	비견

사주 명식(命式)의 명칭은 우측부터 '년주, 월주, 일주, 시주'라 하고, 4개의 기둥이어서 사주(四柱)라 하며, 이들 글자가 모두 8개여서 팔자(八字)라 한다. 사주팔자란 사람의 운명을 일컫는 대명사이기도 하지만 태어나자마자 얻게 되는 '사주 명식', 즉 '사주 바코드'인 것이다.

태어난 년(年)을 뜻하는 계묘(癸卯)를 년수(年柱)라 한다,
태어난 월(月)을 뜻하는 신묘(辛卯)를 월주(月柱)라 한다.
태어난 일(日)을 뜻하는 을축(乙丑)을 일주(日柱)라 한다.
태어난 시(時)를 뜻하는 병술(丙戌)을 시주(時柱)라 한다.

사주의 각 기둥마다 위의 글자를 천간(天干)이라 하고, 아래의 글자를 지지(地支)라 한다.
년주의 천간인 계(癸)를 년간(年干), 지지인 묘(卯)를 년지(年支)라 한다.

월주의 천간인 신(辛)을 월간(月干), 지지인 묘(卯)를 월지(月支)라 한다.

일주의 천간인 을(乙)은 팔자 중 핵심으로, 사주를 보는 사람 자신을 나타낸다. 이를 일간(日干)이라 하고, 지지인 축(丑)을 일지(日支)라 한다.

시주의 천간인 병(丙)을 시간(時干), 지지인 술(戌)을 시지(時支)라 한다.

팔자 중 자신인 일간을 제외한 나머지 칠자에는 십신이 표시되어 있다. 년간 계(癸)는 편인, 년지 묘(卯)는 비견인 것처럼 십신(十神)이란 일간과 나머지 칠자 간의 관계에 대한 명칭으로 모두 10개로 되어 있어 십신이라 한다. 십신은 나의 인간관계뿐 아니라 각각의 특유한 의미가 있어 사주풀이의 관건이 된다.

1부

기본 사주풀이,
스스로 보기

나는 음의 사람인가, 양의 사람인가?
나는 어떤 오행의 사람인가?
나는 10개의 천간 중 어디에 속하는가?
나는 60간지 중 어떤 사람인가?
나의 자기중심성은 어떠한가?
나는 어떤 격의 사람인가?
팔자 중 오행과 십신의 태과
팔자 중 오행과 십신의 불급
허공의 공망(空亡)
조화와 생산의 합(合)
충돌과 갈등의 충(沖)
나의 인간관계 : 사주와 십신
사주의 동력(動力) : 12운성
인간관계와 동력 : 십신과 12운성
삶의 자극제 : 신살(神殺)

운명에 끌려가는 인생이 아닌 운명을 끌고 가는 인생을 살기 위해서는 자신을 제대로 알 필요가 있다. 자신을 알기 위해서는 자신의 강점과 약점을 아는 것이 무엇보다 중요하다. 이를 위해 자신의 성격과 특성, 취약성, 배우자를 포함한 가정과 직장에서의 인간관계, 삶의 동기 및 자극제 등 기본적 사주풀이를 위해 제공받은 15가지 요소에 대한 키워드를 가지고 다음의 양식을 사용해 사주풀이를 '스스로' 해보자.

'기본 사주풀이' 양식

장	구분		키워드	결과
1	개관	음양		
2		나의 오행		
3		나의 천간		
4		나의 일주		
5	성격	자기중심성		
6	특성	내격		
		외격		
7	취약성	태과		
8		불급		
9		공망		
10	사주의 변화	합		
11		충		
12	인간관계	사주와 십신		
13	나의 동력	사주와 12운성		
14	인간관계와 동력	십신과 12운성		
15	삶의 자극제	신살	천간	
			지지	
			기타	

1장 개관

나는 음의 사람인가, 양의 사람인가?

음양(陰陽)론이란 천지만물은 양(陽)으로만 존재할 수 없는 것처럼 음(陰)만으로도 존재할 수 없을 뿐 아니라, 음과 양 중에 어느 하나도 결핍되거나 부족해서는 안 되며, 음양의 배합과 조화로 만물 일체가 생성하고 소멸한다고 하는 법칙이다. 다시 말해 음성(陰性)을 갖지 않는 양은 없으며, 양성(陽性)을 갖지 않는 음은 없다.

음양은 절대적이 아니라 상대적이며, 고정된 것이 아니라 항상 변화한다. 예를 들어 양기(陽氣)가 늘고 음기(陰氣)가 줄어들면 따뜻한 봄이 오고, 음기가 늘고 양기가 줄어들면 추운 겨울이 오는 변화와 같은 이치다.

음양은 좋고 나쁨으로 구분할 수 없으며, 유리와 불리로도 나눌 수 없다. 음과 양은 서로 끌어당기지만, 음과 음 또는 양과 양은 서로 밀어내는 나름의 속성을 지니고 있기 때문이다. 그러므로 개인이나 집단, 조직이 음양을 잘 조화시킬 때 성공 가능성이 높아진다.

음양의 특징

양(陽)

적극적이고 미래지향적이며, 외향성이라 사교적이고 붙임성이 있다. 에너지의 원천이 외부로부터 와서 동적이고, 외부 활동형이라 퇴근하면 곧바로 집으로 달려가기보다는 친구와 어울리기를 좋아한다. 대화의 자리에서도 자기주장이 강하면서 즉흥적이라 생각없이 말해버리는 경향이 있다. 명분을 중시하고, 인간지향적이라 온화하며, 민주적 리더십 스타일이다.

음(陰)

소극적이면서 매사에 침착하고 내부적 안정을 추구하며, 내향성이라 에너지의 원천이 내부로부터 오므로 정신적 내면을 중요시한다. 그래서 정적이고 가정 중심적이라 직장에서 일이 끝나면 친구와 어울리기보다 제일 먼저 집으로 달려가는 것을 좋아한다. 대화의 자리에서도 남의 의견을 듣고 수용하려 하며, 말을 할 때는 진중히 생각하는 성향이 있다. 그러므로 실리를 중시하고 과업지향적이라 냉정하며, 가능한 많은 정보를 얻은 후에 결국 혼자서 의사결정을 하는 독재적 리더십 스타일을 갖고 있다.

음양의 특징

양의 사람	음의 사람
적극적	소극적, 침착
미래지향형	안정추구형
외향성	내향성
자기주장	의견수용
즉흥적·이상적(감정적)	계산적·현실적(사고적)
명분 중시	실리 중시
온화	냉정
외부활동형(동적)	가정중심형(정적)

2장 개관

나는 어떤 오행의
사람인가?

우주의 삼라만상은 헤아릴 수 없이 많으나 그 사물의 성질은 결국 '목(木)·화(火)·토(土)·금(金)·수(水)'라고 하는 오행(五行)으로 구성되어 있다. 이 오행은 각각 계절과 여러 가지 성정 및 속성을 가지기 때문에 오행으로 사람의 성격을 포함한 일반적인 정체성을 파악할 수 있다.

오행의 의미

목(木)

태양계에서 가장 거대한 행성인 목성(Jupiter)을 상징한다. 봄에 새싹이 땅을 뚫고 올라와 자라서 큰 나무가 되듯이, 목은 사람에게 초년기이자 생명력을 뜻한다. 철없는 아이 같은 면이 있으며 매사 희망적이다. 색깔도 식물과 희망을 뜻하는 푸른색이다. 목의 방위가 동(東)이 된 것은 동쪽에 해당하는 봄에 모든 나무들이 움트고 따뜻한 바람이 불기 때문이다. 목은 번식해 불어나는 속성이 있는데 이로 인해 인간의 5가지 성정 중 인(仁), 즉 '측은히 여기고 널리 베푸는 인자함'에 배속된다. 원만한 성격으로 어질고 강직해 교육자가 제격이다. 균형이 깨어지면 의지가 여려 좌절을 잘하고 분노의 감정에 쉽게 휘둘리게 된다. 오장육부로 보면 간과 담에 해당한다.

화(火)

태양계에서 지구에 가장 가깝고, 그래서 지구인의 관심을 가장 많이 받고 있는 화성(Mars)을 상징한다. 화는 양(陽)의 성질이 가장 많은 오행으로 뜨겁고 위로 올라가는 성질을 가졌는데, 타오르는 불꽃을 떠올리면 된다. 화는 양 중의 양이다. 계절상으로는 여름에 해당되고 더위(暑)를 나타내며, 색깔은 붉은 색을, 방위는 남(南)쪽을 가리킨다. 만물이 자라난 번성기이고, 사람으로 보면 활동적인 청년기이다. 성정은 겸양(謙讓)을 중시하는 예(禮)에 배속되고 총명하다. 불은 겉이 밝고 속은 어둡기 때문에, 화를 통해 분별하는 능력과 실천할 수 있는 힘을 가져 봉사자와 종교인 및 철학자가 제격이다. 화 기운(氣運)이 많거나 부족함에 지나치면 까칠한 성격에 질투를 하고 기쁨의 정서 조절이 잘 안 되어 조울증에 시달리게 된다. 오장육부로 보면 심장과 소장에 해당한다.

토(土)

태양계에서 아름다운 고리를 지녀 인기를 끌고 있는 토성(Saturn)을 상징한다. 토는 장마철의 눅눅함과 같은 습(濕)을 품어 물질을 태어나게 하는 오행이다. 즉 만물을 키워내는 땅의 주인이다. 다른 오행들이 각각 봄, 여름, 가을, 겨울이란 계절을 72일씩 주관하는 것과 달리 오행의 가운데에 위치해 사계절을 18일씩 주관하면서 각 계절을 중재하는 마디를 담당한다. 계절로는 환절기에 해당하며, 방위는 중앙을 나타낸다. 인간의 5가지 성정 중 신(信)에 배속되어 사람이 믿음직하고 말에 신중하며 중용을 중요시한다. 또 효성이 지극하고 매사에 충실하며 실속주의자이다. 법조인과 부동산업이 제격이다. 토는 색깔이 흙의 황색이며 기질상 생각하는 것에 해당하고, 균형이 깨어지면 신용이 없고 나태하며 쓸데없는 망상이 많아진다. 오장육부로 보면 비장과 위장에 해당한다.

금(金)

태양계에서 샛별이라 하는 금성(Venus)을 상징한다. 금은 광물질로 대표되는 은의 색깔인 흰색으로 상징되며, 양의 기운이 멈추고 소멸하기 시작하는 부분이므로 음기(陰氣)가 처음으로 일어나는 곳이다. 계절로는 결실의 가을로, 만물은 성장을 멈춘다. 마르고 건조한 조(燥)에 해당한다. 방위로는 서쪽인데 이는 만물이 수렴·소멸해 음이 시작되고 해가 지는 방향이기 때문이다. 금은 버릴 것과 저장할 것을 선택하는 명상의 시기이고, 사람으로 보면 장년기이다. 인간의 5가지 성정 중 의(義), 즉 '옳고 정당함'에 배속된다. 의리와 명예를 중요시하고 강직하고 결백해 정치가·군인·경찰 등이 제격이다. 단단하고 잘 드는 칼과 같아서 물건을 잘라내는 성질을 갖게 되는데, 금기(金氣)는 맺고 끊는 것을 잘하는 강단이 있고 결단력이 강하다. 금 기운이 많거나 부족해 지나치면 자기본위로 인색하며, 슬픔에 쉽게 노출되어 작은 일에도 우울증에 걸리기 십상이다. 오장육부로 보면 폐와 대장에 해당한다.

수(水)

태양 옆에 붙어 다녀 관측이 쉽지 않다는 수성(Mercury)을 상징한다. 화가 양 중의 양이라면, 수는 음 중의 음이라 할 만큼 음의 기운을 많이 담고 있는 글자다. 수는 만물의 생성을 위해 에너지를 농축해 저장하는 씨앗이다. 목에서 만물이 시작하기 위해서는 수가 반드시 필요하다. 그래서 오행의 시작을 목이 아니라 수로 보기도 한다. 수는 깊은 물의 색깔인 검은 색이며, 가을의 결실을 저장하는 겨울에 해당하고, 추운 날씨처럼 한(寒)에 해당한다. 북쪽을 뜻하며, 만물의 휴식기이고, 사람으로 보면 노년기이다. 인간의 5가지 성정 중 지(智), 즉 '지혜로움'에 배속된다. 생각이 깊고 치밀하며 총명하고 지혜가 특출해 학자나 예술인이 제격이다. 다정다감하나 한 가지 일에 꾸준하지 못하는 단점도 있다. 수 기운이 지나치면 우유부단하고 소심해지며 쉽게 놀라 불안에 시달리기도 한다. 오장육부로 보면 신장과 방광에 해당한다.

오행의 의미

구분	목(木)	화(火)	토(土)	금(金)	수(水)
계절/기운	봄	여름	환절기	가을	겨울
	풍(風)	서(暑)	습(濕)	조(燥)	한(寒)
속성	초년	청년	중재	장년	노년
	생명력	활동적	정착	결실	저장
방위	동	남	중앙	서	북
성정/기질	인(仁)	예(禮)	신(信)	의(義)	지(智)
	교육자 의류업	봉사자 철학자 종교인	법조인 부동산	정치가 군인 경찰	학자 예술인
	노(怒)	희(喜)	사(思)	우(憂)	공(恐)
색깔	청(靑)	적(赤)	황(黃)	백(白)	흑(黑)
장부(腸腑)	간	심장	비장	폐	신장
	담	소장	위장	대장	방광

3장 개관

나는 10개의 천간 중 어디에 속하는가?

사람은 생각을 하는 정신과 행동을 하는 육체로 이루어져 있듯이 역학에서 천간(天干)은 인체의 두뇌에 해당하는 '생각을 하는 기능'을 담당하고, 지지(地支)는 '행동을 담당하는 기능'으로 실천에 해당한다.

여기에서 논의하고자 하는 천간은 총 10개로, 사람은 누구나 이 중에서 한 개로 표현되며 하늘에서 나타나는 형상, 즉 날씨의 형태인 천상(天象)과 땅에서 나타나는 형상인 지상(地象)으로 구분해 설명할 수 있다.

사주팔자 중 일간이 자신을 나타내는 주인공이므로 일간의 천간을 통해 자신의 기질을 앎으로써 자신을 개관할 수 있다.

10천간의 형상

갑(甲)

천상은 천둥과 번개를, 지상은 고목을 의미한다. 갑인 사람은 오행 중 목이되 곧고 큰 나무에 해당해 이끌면서 정직하고 자립심과 독립심이 강하다. 인간관계에서 경우도 바르고 대장·리더 격이다. 또한 자신을 표현하는 속성이 아주 강하다. 일단 나서고 보는 사람의 기질이라 할 수 있다.

을(乙)

천상은 바람을, 지상은 넝쿨이나 풀 등의 물상(物象)을 지닌다. 을인 사람은 오행 중 목이되 넝쿨처럼 갑에게 엉켜 붙거나 칭칭 감으며 위로 올라가는 속성으로 적응력도 있으면서 큰 것을 쥐고 있어야 하므로 욕심도 많다. 갑인 사람에 비해 나서기는 하지만 주변의 눈치를 살피는 편이고, 머리가 영리하고 고집이 있고 자존심이 강하다.

병(丙)

천상은 태양을, 지상은 용광로 불을 의미한다. 병인 사람은 오행 중 화로, 정직하고 진실하고 헌신 봉사적이고 예의바른 반면에 성급하다. 태양은 비추는 것만으로 만족하므로 도와주고도 무덤하다. 매우 센 불이라 열정이 지나칠 수도 있다.

정(丁)

천상은 별을, 지상은 용접하는 산솟불이나 등불, 촛불을 의미한다. 정인 사람은 오행 중 화로, 진실하고 착하고 헌신 봉사적이며 예의가 바르면서 고독하다. 조용히 타오르면서 꼭 필요한 열기와 빛을 전파하는 불이기 때문이다.

무(戊)

천상은 안개를, 지상은 불의 기운을 머금은 큰 산, 사막, 황야를 나타낸다. 무인 사람은 오행 중 토로, 포용력·신용·정직·무게가 있고 시야가 넓지만 표현이 적다. 원리원칙대로 가야 하고 고집 또한 엄청나다. 그래서 처음 사귀기가 어렵다. 많은 걸 흡수하려다 보면 자신을 낮추는 능력을 잃어버리기도 한다.

기(己)

천상은 구름을, 지상은 전원 토, 언덕, 야산을 나타낸다. 기인 사람은 오행 중 토로, 천성이 착하면서 강직하고 고지식하며 경우가 바르지만 욕심이 많은 편이고, 잔꾀가 많으며 남 주기를 싫어하는 기질이다. 인맥과 활동방식의 범위가 넓은 편이나 산만해지기 쉬운 단점이 있다.

경(庚)

천상은 달을, 지상은 강철, 돌산을 나타낸다. 경인 사람은 오행 중 금으로, 강직하고 과단성이 있고 의리가 있고 절도가 있으나 냉정하다. 똑똑하고 집념이 강하며, 원리원칙을 추구해 남의 사정을 봐주고도 욕먹고 손해를 본다. 규칙대로 움직이고, 복잡한 상황을 명쾌하게 정리하지 않으면 직성이 안 풀린다.

신(辛)

천상은 서리를, 지상은 보석과 칼, 바늘을 의미한다. 신인 사람은 오행 중 금으로, 영리하고 착하며 멋쟁이 기질이 있고 이상이 높다. 정교하고 세심해 예민하다. 그래서 잘 삐치고, 한번 삐치면 오래 간다. 정교하다 보니 재주가 많아 일복도 많다.

임(壬)

천상은 눈과 비, 우박을, 지상은 바다, 호수, 강을 뜻한다. 임인 사람은 오행 중 수로, 영리하고 재주가 있으며 정직하고 헌신 봉사적이면서 경우가 바르고 착하다. 한편 자신을 잘 드러내지 않는 신비주의적 속성도 지니고 있다.

계(癸)

천상은 이슬비를, 지상은 냇물, 지하수, 생수를 뜻한다. 계인 사람은 오행 중 수로, 아주 영리하고 착하지만 고집이 세고 자존심이 강하며 이상도 높다. 냇물이 그러하듯 주변 환경에 따라 자신을 변화시키는 유연성이 강하다.

10천간의 형상

구분	갑	을	병	정	무	기	경	신	임	계
천상	천둥, 번개	바람	태양	별	안개	구름	달	서리	눈·비	이슬비
지상	고목	넝쿨, 풀	용광로 불	촛불	큰 산, 제방	전원토	강철, 돌산	보석, 바늘	바다, 강	시냇물

4장 개관

나는 60간지 중
어떤 사람인가?

사람은 누구나 '사주팔자'가 있다. 개인의 년주, 월주, 일주, 시주로 구성되는 사주팔자는 아래의 60간지 표에서 보는 것처럼 60개의 간지 중에서 선택되어 결정된다. 천간 10개와 지지 12개가 서로 조합되어 60간지가 만들어졌다.

일주는 나 자신과 배우자를 뜻하므로 곧 '나'이다. 그래서 사주팔자 중 일주의 풀이는 자신의 사주팔자를 개관하는 의미를 갖는다. 60간지 중에서 '제공받은 키워드'인 '나의 일주'에 대한 내용을 찾아보자.

60간지

갑자	을축	병인	정묘	무진	기사	경오	신미	임신	계유
갑술	을해	병자	정축	무인	기묘	경진	신사	임오	계미
갑신	을유	병술	정해	무자	기축	경인	신묘	임진	계사
갑오	을미	병신	정유	무술	기해	경자	신축	임인	계묘
갑진	을사	병오	정미	무신	기유	경술	신해	임자	계축
갑인	을묘	병진	정사	무오	기미	경신	신유	임술	계해

나의 일주

갑자(甲子)

재목에 쓰려고 준비한 '동량목'이다. 머리가 좋아 무에서 유를 만들어내는 창조성이 돋보이고, 일처리를 일사천리로 한다. 통솔력이 있으나 자기주장이 강해 독선적인 면도 있다. 남성은 여성에 관심이 많고, 여성은 재물에 관심이 많다.

갑술(甲戌)

큰 바위의 소나무라 '낙락장송'이다. 바위의 나무라 뿌리내리는 힘이 강해 외유내강하고, 큰 산의 나무이니 내가 왕이라 고독한 존재이다. 지혜가 있고 총명하나 고집이 세고 융통성이 부족하다.

갑신(甲申)

'정원의 나무 또는 분재목(盆栽木)'이다. 지혜롭고 사리에 밝다. 남을 의식하고 자존심이 강하며 실패 시에는 자괴감이 크다. 명예를 따라가는 좋은 일주이다. 배우자는 호랑이로 무섭다.

갑오(甲午)

불 위에 나무가 있으니 '모닥불'이다. 보기는 좋으나 정작 자기는 다 탄다. 즉 외화내빈(外華內貧)일 수 있다. 개방적 사고를 가지고 있고, 어디서나 필요한 사람이다. 선생님 그릇이고 오지랖이 넓어 일생 분주하다.

갑진(甲辰)

'뿌리내린 거목'으로 형상화할 수 있다. 지성 있는 교양인이지만 계획성 없이 생각나는 대로 행동하는 면이 있다. 돈 벌며 공부해 대부(大富)가 많은 일주이나 심성이 여리다.

갑인(甲寅)

'호랑이가 숲을 만난 격'이며 '거목'이다. 강직하고 과감한 성품이나 단도직입적이고 왕고집이다. 출세보다 부자가 되기 쉽다.

을축(乙丑)

'겨울 흙에 뿌리박은 생목'이라 약하고 외롭기 쉬우나 따뜻한 봄에 태어나면 훌륭하다. '풀밭의 소'로도 형상되어 소가 먹을거리가 풍부하니 평생 먹고사는 데는 문제가 없다. 타인에 대한 배려심이 많으나 고지식하고 집요하다.

을해(乙亥)

'연꽃'으로 형상되며, 풍류를 좋아하고 임기응변이 능하다. 개성이 유별나서 조직적응은 잘 못한다. 비밀이 좀 있고 역마로 바쁘며, 외국과 관련된 일이 좋다.

을유(乙酉)

'분재꽃'이며 '장미꽃'으로도 형상화할 수 있다. 여성은 예쁘고 다정다감하지만 맺고 끊음이 강하다. 재치가 있고 폭넓은 대인관계로 처세가 뛰어나다. 자신감은 부족한 편이며, 소소한 일에 예민한 편이다. 의사와 권력층에 많은 일주이다.

을미(乙未)

'인삼 내지는 넝쿨'로 형상화된다. 침착하고 남에 대한 배려심이 많으나 일을 시작하기 전에 불안하고 초조함을 많이 느낀다. 30대 초반까지는 고생을 하나 중반 이후는 크게 발복한다. 한의사가 제격이다.

을사(乙巳)

'향기 짙은 생화' 내지는 '풀숲의 뱀'으로 형상화된다. 유약한듯하나 내심은 강하다. '풀숲의 뱀'처럼 기회를 놓치지 않는 능력이 있고, 재주도 많다. 초지일관하면 금상첨화다. 남성은 처가 복이 있고, 여성은 혼외 임신을 조심할 필요가 있다.

을묘(乙卯)

'춘란'으로 형상된다. 다재다능하고 팔방미인이면서 은근하고 집요하다. 다소 가벼운 느낌도 있다. 군인과 정치인 및 공무원이 좋으나 배우자 운이 별로 안 좋고, 집밖에서는 호인이지만 집에서는 폭군이다.

병인(丙寅)

'여명의 태양'이다. 심성이 맑다. 여성은 미모에 귀여움까지 갖춰 매력적이다. 남성은 저돌적이며 과시욕이 있으며, 리더 욕구가 강하다. 선생님 그릇이면서 생명을 다루는 의사 직업도 많다. 철이 덜 난 듯하다.

병자(丙子)

'물에 비춰진 태양'으로 형상된다. 인내심과 유비무환의 정신이 강하고 겸손하며 봉사를 좋아한다. 다소 융통성이 부족하고 잔걱정이 많아 참견도 잘한다. 물에 비춰진 태양이 아름다워 배우자가 예쁘다. 음양의 대표가 다 모여 좋은 일주다.

병술(丙戌)

'석양'으로 형상된다. 승부욕이 강하고 박력 있는 스타일로, 일 중심의 관리형이면서 의리도 있다. 과장이 심하고 고집불통이며, 극단적인 면이 있기도 하다.

병신(丙申)

'산과 못을 비추는 태양'이다. 매사에 자유분방하며 수단이 뛰어나고 어느 환경이든지 적응력을 잘 발휘하나, 다소 감정적인 측면이 있어 일 처리가 경솔한 점도 있다. 의사나 교수가 좋고, 무역에도 인연이 있다. 재운과 관운이 모두 좋아 대성하는 사주가 많은 일주다.

병오(丙午)

'대낮의 태양'으로 형상된다. 정열적이고 열사(烈士)적 기질을 갖고 있다. 변덕이 있고 즉흥적인 면도 있다. 배우자 운이 아쉽다. 간혹 비도덕적 행동도 한다.

병진(丙辰)

'꽃피우는 햇살'이다. 주관이 뚜렷하고 명분을 중요시한다. 공사(公私)구분이 명확하나 고지식하고 비현실적이기도 하다. 교수나 선생이 좋다. 사람들의 도움으로 대성하는 사주가 많은 일주다.

정묘(丁卯)

'탁자 위의 촛불'이다. 세심하고 치밀한 스타일이다. '불붙은 장작'으로 형상되어 사람들이 둘러앉으면 보기 좋고, 안 보면 무용지물이다. 리더가 되려 하고 승부욕이 강하다. 관계 및 학계가 적절하다.

정축(丁丑)

'부처님 앞의 촛불'로 부처님은 환하게 밝히나 정작 자신은 빛이 안 난다. 타인을 배려하고 다정하며 착할 뿐 아니라 눈에 보이지 않는 덕이 있다.

정해(丁亥)

'바다 위에 뜬 달'로 용모가 수려하고 친절하며 겸손할 뿐더러 가정적이다. 밖으로는 밝으나 속으로는 근심과 비밀이 많다. 대성하는 사주가 많은 일주다.

정유(丁酉)

'황금촛대 위의 촛불'이라 귀품이다. '가을 하늘에 높이 뜬 달'로도 형상된다. 성격이 쌀쌀맞고 강렬하며 정열적이다. 좋은 글자의 집합인 일주라 남녀 공히 좋으나 특히 여성으로서는 으뜸 일주다.

정미(丁未)

'화로의 향불'이다. 다정다감하고 가정적이나 도전이 없어 큰 발전은 없다. 성질을 한번 부릴 때는 겁나지만 절제를 잘한다. 교수 내지는 의사의 그릇이다.

정사(丁巳)

'화로의 구슬'로 형상되며 또한 '차가운 뱀이 불을 토해내고 있다'고도 볼 수 있다. 성격이 마치 불같고 변화와 개혁적 성향이 강하다. 겉은 차가운 느낌이나 속은 인정이 많다. 남 밑에서 잘 적응하지 못하고, 부부 간에 갈등을 겪을 수 있다.

무진(戊辰)

'토산(土山)'으로 형상되며 '뻘 위의 산'이라고도 한다. 뻘 위의 산이라 무너질 위험이 있다. 그래서 가끔 스트레스가 폭발할 때도 있다. 신의와 책임감으로 타인의 호감을 얻고 성욕이 강한 편이다.

무인(戊寅)

'숲을 이룬 큰 산'으로 자존심이 강하면서 저돌적이고 활동적이며 당차나 좀 권위적이다. '산 밑에 나무'가 있는 형상이기도 해 의외로 잘 무너질 수도 있다. 남성은 대성하는 사주가 많으나 사업으로 무너질 수가 있고, 여성은 남자에 무너질 수 있다. 교수나 의사가 많다.

무자(戊子)

'산중의 샘'이다. 겸손하고 학구적 자세로 노력한다. 이성에게서 인기가 많고, 성적 욕망도 강한 편이다. 그러므로 여성은 남편과 나이 차이가 나는 것도 좋다.

무술(戊戌)

'휴화산'으로 형상되며 '산 넘어 산'으로도 불린다. 발이 넓고 집단의 우두머리 격이며 자존심도 강해 전문직이나 개인사업이 좋다.

무신(戊申)

'정원에 쌓은 산'이기도 하고 '흙속에 묻힌 진주'라 잠재력과 재주가 무한하다. 전 세계 어디에 내놔도 살아갈 걱정이 없는 일주다. 남성에게 특히 좋고, 무역으로도 부자가 많은 사주다. 여성은 아들을 남편으로 알고 산다.

무오(戊午)

벌겋게 뿜어내는 '활화산'으로 독선적이고 황소고집이다. 수(水)를 필요로 하는 사주의 일주로, 남녀불문하고 성욕에 조심할 필요가 있다. 대성하는 사주에 많이 보인다.

기사(己巳)

'건조한 밭'으로 형상되어 수(水)가 있으면 균형을 이루는 사주의 일주. 계획을 세우고 차근차근 실천하는 모범생이다. 비밀이 많고, 남을 잘 믿지 못하는 성격이다.

기묘(己卯)

'꽃밭'으로 형상된다. 인내심이 강하고 의협심과 자존심이 강하다. 권력이나 의약업 쪽이 좋다. 이사가 잦을 수 있다. 주말부부나 기러기 아빠 등 떨어져 사는 경우도 많다.

기축(己丑)

'기름진 밭'으로 치밀하고 조직적이며 근면하나 너무 계산적이다. 뜻하는 바는 잘 이뤄내나 애정에 풍파가 있기 쉽다.

기해(己亥)

'바닷물의 제방'으로 형상된다. 겉은 대범하나 속은 불안과 초조함이 있고, 임기응변에 능하나 빈틈도 있다. 남녀 공히 좋은 팔자이다.

기유(己酉)

'정원의 밭'으로 형상되며, 매사에 사리분별이 명확하고 담백하며 올곧고 정직하나 포용력은 좀 부족하다. 의사 또는 교수가 제격이다.

기미(己未)

'겹친 토(土)'로 형상되며, 매사에 올곧고 사람들과의 신용을 중요시한다. '메마른 땅에서 풀을 찾는 형국'이라 매사 분주하며, 창의적이면서 남에게 베풀고 추진력도 강한 대성의 사주에 많은 일주이다.

경오(庚午)

'잘 달궈진 쇠'의 형상이다. 솔직하고 순간적 발상이 뛰어나며 조직적응을 잘할 수 있다. 그러나 성적 욕망이 강하고, 돈의 씀씀이가 헤플 수 있다.

경진(庚辰)

'용 형상의 바위'로 형상되어 권위와 위엄이 당당하다. 언변이 좋고 재치와 통찰력이 있다. 총명, 용감, 과단, 결벽성 등을 지니며 성격이 맹렬하고 통솔력이 뛰어나다. 대인관계에서 좋고 싫음이 분명하다. 남녀 불문하고 의처증 내지는 의부증이 있을 수 있다.

경인(庚寅)

'총 맞은 호랑이' 또는 '숲속의 바위'로 형상된다. 매사에 낙천적인 성향이 있다. 출세를 위해서 필요한 노력과 융통성도 구비하고 있다. 규칙과 법규를 소홀히 여겨 잘 지키지 않는 경향이 있다. 대성하는 사람도 있고, 건달과 사기꾼도 있는 사주의 일주다.

경자(庚子)

'거꾸로 달린 종'이며 '극락을 향한 사찰의 탑'으로 형상된다. 분석력과 직관력의 소유자로 꼼꼼한 스타일이다. 타인에 대해 신랄한 비평을 하는 등 하극상 기질이 있을 수도 있다.

경술(庚戌)

'육군 장교'로 형상된다. 두뇌가 명석하고, 명예심이 강하다. 인기가 많고 사교성이 있으나 이기적인 대인관계도 보인다. 기술과 공업성을 가진 일주이다.

경신(庚申)

'칼이 된 쇠'로 형상된다. 완강한 면이 있는 동시에 안빈낙도를 꿈으로 여긴다. 뜻을 잘 이룬다. 육십 간지 중 투지가 최강으로, 대성하는 사주의 일주이다. 정치인, 교수, 의사, 법조인 등 전문직이 많으나 부부 간에 갈등이 많을 수 있다.

신미(辛未)

'용광로의 쇠'로 형상된다. 융통성이 부족하고 고지식하다. 타인에 대한 경계심으로 일 처리가 신중하다. 쉽게 거절을 못해 바로 후회하는 스타일이다.

신사(辛巳)

'잘 가열된 보석'이다. 순수하고 진지해 남의 호감을 사는 반면, 의지력이 약하고 변덕스러우며 남을 쉽게 믿는 스타일이다.

신묘(辛卯)

'꽃으로 치장된 보석'으로 형상되며, 심미안과 유행 감각이 뛰어나다. 인정은 많으나 침착성이 부족하고, 사소한 일에 얽매이며 변덕도 많은 편이다. 이사가 잦고, 부부 이별수를 조심할 필요가 있다.

신축(辛丑)

'언 땅의 보석' 또는 '날카로운 소의 뿔'로도 형상되어 신경이 예민하고, 좋고 싫음이 분명하다. 상상력과 독창력이 돋보인다. 남성은 순수하고 어린애 같아 융통성이 부족하고 의지하는 편이다. 여성은 똑똑하고 능력이 뛰어나다.

신해(辛亥)

'물밑의 주옥'이다. 평소는 조용하고 인정이 많고 심성도 여린듯하나 난관을 만나면 저돌적인 멧돼지처럼 정면 돌파하는 난세호걸형이기도 하다.

신유(辛酉)

'진귀한 주옥'이다. 문제의 핵심을 파악해서 명확히 풀어내고, 손재주도 뛰어나다. 경제력도 있고, 사교성도 있다. 신경이 날카로워 건강을 조심해야 한다.

임신(壬申)

'바위에서 나는 물'로 영상된다. 통솔력이 강하고, 수단과 사교성이 대단하다. 어려울수록 역발산기개세(力拔山氣蓋世)로 강해지는 스타일이다.

임오(壬午)

'여름의 장마 비'이다. 솔직담백하고 실천력과 자제력, 정의감이 뛰어나다. 물과 불이 만난 형국이라 번뇌가 많고 형식에 치우친 면이 있다. 남녀 공히 고급 사주로 다소 끼가 있다.

임진(壬辰)

'용이 불러온 큰비'로 형상된다. 권위의식과 승부욕, 통솔력이 강한 출세지향형이다. 부귀를 겸비한 대성의 사주에서 많은 일주이다. 그러나 과장이 심하고 고집도 세고 극단적인 면이 있다.

임인(壬寅)

'물에 빠진 호랑이'로 형상된다. 신중하면서도 서글서글한 인상의 낭만파이다. 나이 차이가 나는 배우자와 인연이 있다. 남성은 60간지 중 복이 으뜸이며 특히 처복이 있다. 여성은 비밀이 있고 남편과 갈등이 심하며, 직업은 선생이 좋다.

임자(壬子)

'큰 바다 물'이다. 개성과 창의력이 있으며 사교성, 책임감, 독립심이 강해 개인사업이 좋다. 영웅호걸이 많은 훌륭한 격의 일주이다. 뜻한 바를 잘 성취하나 배우자와 갈등을 겪을 수 있다.

임술(壬戌)

'비 오다 맑음'의 형상이다. 실천력과 책임감이 강하고, 배짱이 두둑하다. 호불호(好不好)가 명확하고, 이익에 따라 행동하지 않는다.

계유(癸酉)

'젖줄 같은 시냇물'로 형상된다. 추진력과 끈기의 소유자로 큰 야망을 품은 일주이다. 반면에 고독함이 있고, 이상의 추구로 비현실성도 있다. 예술·체육계통에 소질이 있다.

계미(癸未)

'건조한 밭의 비'로 형상된다. 원칙을 중시하고 책임감이 강한 사람이다. 소신이 명확하고 자기주장이 강하나 자신을 드러내지 못하는 아쉬움으로 좀 답답함이 있다.

계사(癸巳)

'높은 곳의 계곡물'로 형상된다. 정직하고 담백하며 야심이 없어 어디든 잘 어울린다. 그러나 끈기가 부족하고 변덕이 심한 편이다. 남성은 고급 사주이다.

계묘(癸卯)

'숲속의 옹달샘'이다. 분주다사(奔走多事)한 곳에 있어야 안정이 되는 사람이다. 잡기(雜技)에 능하고, 의뢰심이 많아 자문을 얻고서야 안심하는 스타일이다.

계축(癸丑)

'계곡 물 또는 겨울 비'로 형상된다. 상상력이 풍부하고 언변이 뛰어나며 소신파이다. 그러나 사회 물정에 어두워 순진하고 어수룩한 편이다. 자신이나 배우자가 학문에 관련된 전문직이 좋다.

계해(癸亥)

'수천일색(水天一色)의 물'로 형상된다. 신중하나 모험할 때는 과감하다. 임자(壬子) 못지않게 영웅호걸이 많은 대격의 일주이다. 뜻한 바를 잘 성취하나 부부 간에 갈등을 겪을 수 있다.

사주 Tip

현대인의
상식인 사주역학

　우리는 사주역학의 문화 속에서 살고 있다. 요즘 사회문제가 되고 있는 '갑질 논란'처럼 노동자와 고용자를 일컬을 때나 집을 팔고 사는 계약에서 양자를 갑을 관계라 한다. 이런 갑과 을이란 사주역학에서 사용하는 10천간의 첫 번째와 두 번째 글자이다.

　누구나 예외 없이 띠를 갖고 태어나서 평생 이 띠와 함께한다. 띠는 사주역학의 기본인 12지지의 의미의 하나다. 가령 2018년 무술년은 황금 개띠의 해이다. 이처럼 60간지가 있어 돌아가면서 해의 이름이 정해지고 의미가 생긴다.

　각종 역사적 사건과 전쟁 등도 마찬가지다. 1866년(고종 3) 흥선대원군의 천주교도 학살·탄압에 대항해 프랑스함대가 강화도에 침범한 사건이 병인년에 발생했기 때문에 병인양요라

하고, 1871년(고종 8) 미국이 제너럴셔먼호(號) 사건을 빌미로 조선을 개항시키려고 무력 침략한 사건은 신미년에 일어났다고 해 신미양요라 한다. 임진년에 왜군이 침략한 전쟁이라 임진왜란, 병자년에 청나라가 일으킨 전쟁이라 병자호란이다.

사주역학은 중국으로부터 고려 말에 들어왔다. 당시의 역학은 주역과 명과학이란 이름으로 일반 백성들이 가까이 할 수 없는 양반 선비들만의 전유물이었다. 신년 초 선비 주인 어르신이 봐준 사주풀이의 덕담 한 마디는 한 해를 잘 이겨내야 하는 민초에게는 새겨들어야 할 '신의 말씀'과 같았다.

하지만 오늘날은 학문이 일반화된 세상이다. 고등교육 안 받은 사람이 별로 없을 정도로 고학력 시대에 살고 있다. 누구나 관심만 가지면 사주역학을 배울 수 있다. 지금의 사주역학은 신비의 대상도 아니지만 미신도 아니다. 신비의 대상이 아닌 것은 누구나 쉽게 접할 수 있기 때문이고, 미신이 아닌 것은 자연의 이치로 풀이하는 것이기 때문이다.

목·화·토·금·수 오행 중 '목'인 사람이 가장 잘 타고난 계절은 언제일까? 우리의 생활과 밀접하면서 많은 영향을 미치는 계절은 사주역학에서 그 사람의 운세를 보는 데 매우 중요한 요소다.

생명력이 왕성한 봄에 태어났다면 그 사람은 계절을 가장 잘 타고난 사람이다. 봄에 태어난 사람은 신강(身强)해 어떤 일도 잘 적응하고, 추진력도 뛰어나 성공할 가능성이 높다.

그 다음으로 잘 타고난 계절은 겨울이다. 봄에 생명을 틔우기 위해 에너지를 한껏 저장하고 있는 계절이 겨울이기 때문이다.

그 다음은 여름이다. 여름의 가지와 잎은 무성해서 보기는 좋으나 이를 위해 나무 자체는 힘이 쇠해 있다.

반면에 잘못 타고난 계절은 가을이다. 가을은 결실의 계절로 나무의 모든 힘을 열매를 맺는 데 투자하고 자신은 가장 약해져 있기 때문이다.

이처럼 사주역학은 자연의 이치로 한 사람의 운명을 쉽게 풀이하는 학문이다. 다만 과학적 근거가 결여된 갖가지 이름의 재앙을 일컫는 내용들이 신비성을 부추기고 혹세무민하고 있으나 이는 학문이 아닐 뿐더러 사주역학과 구별되어야 한다.

사주역학은 미신이 아니다. 사주역학은 이제 우리의 생활문화인 동시에 현대인의 상식이다.

5장 성격

나의 자기중심성은 어떠한가?

자기중심성이란 그 사람의 추진력과 투지가 강한가 약한가, 독립적인가 의존적인가 등의 정신적 측면에 관한 문제다. 사주역학에서는 이를 '일간의 강약'이란 용어로 표현한다.

일간의 강약은 사주풀이에 있어 핵심적인 요소로 많은 의미가 있지만 이 장에서는 일간의 강약과 오행이 무엇이냐를 통해 그 사람의 성격을 가늠해보고자 한다.

자기중심성의 3가지 구분에
따른 오행의 성정

　자기중심성, 즉 '일간의 강약'은 일반적으로 '균형'과 '태약' 및 '태왕', 이렇게 3가지로 대별할 수 있다.
　'균형'은 일간이 완전한 균형을 이루고 있거나 다소 약하고 강한 신약과 신강을 포함한다. '태약'과 '태왕'이란 신약과 신강이 심해 나타나는 현상을 말한다. 균형·태약·태왕에 따른 오행별 성정은 다음과 같다.

균형된 일간과 오행

　자신감, 추진력, 리더십이 있고 의사결정에 망설임이 없는 사람으로 타인의 인정을 구하지 않는다. 지나침도 없고 부족함도 없는 중용의 성정을 갖는다. 명백하고 도량이 크며, 매사 긍정적이면서 쾌활하다. 또한 잘 베풀고 다정다감하며, 타인을 신뢰하고 경우가 바르다.

목(木)

　성격이 원만하고, 타인에 대한 이해심과 측은심이 깊으며, 권선징악의 가치관을 가지고 있다.

화(火)

대인관계에서 겸손하고 순박한 마음을 지니고 있다.

토(土)

책임감이 강하고, 신앙심이 돈독하며, 도량 또한 넓다.

금(金)

대인관계에서 겸손하고, 수치심이 있다. 일의 처리에 있어서는 과단성이 있고 명쾌하다.

수(水)

말에 권위가 있어 인정을 받고, 매사에 치밀하며, 기략이 뛰어나다.

태약한 일간과 오행

나서기를 주저하고, 주목받는 것을 부담스러워 하지만 인정받고자 하는 내면의 열망이 있다. 다소 인색하고, 인내심이 부족한 편이며, 우유부단하고, 대인관계를 어렵게 여기며, 허례허식을 좋아한다.

목(木)
의지나 마음이 여려 좌절을 잘하고 다소 부정적(否定的)이다.

화(火)
성질이 까칠하고, 질투가 심하며, 엉뚱한 궤변을 늘어놓는다.

토(土)
대인관계에서 신용이 없고, 나태한 면이 있다.

금(金)
마음이 독해 살생도 마다 않으며, 자기본위적이고 인색하다.

수(水)
소심해 우유부단하다.

태왕한 일간과 오행

얽매임을 싫어하고 자제력이 약한 편이다. 악과 어울리고 싶어하며, 약한 것을 무시한다. 매사에 투쟁적이다.

목(木)
성질이 고집으로 치우치고, 집요한 편이다.

화(火)
참으면서 가만있지를 못하고, 성질이 불같으며, 일을 저질러 놓고 본다.

토(土)

성질이 비뚤어져 한쪽으로 치우치고, 우둔한 면과 함께 게으르기도 하다.

금(金)

무계획적이고 만용을 부리며, 자기본위적으로 살고자 한다.

수(水)

즉흥적이어서 함부로 행동하고, 변덕이 심한 편이다.

자기중심성에 따른 오행별 성정

구분	목	화	토	금	수
균형	원만	겸손	도량 넓음	과단성	치밀
태약	좌절	질투	신용 무	인색	소심
태왕	집요	불같은 성질	편굴	만용	변덕

6장 특성

나는 어떤 격의 사람인가?

'격(格)'이란 그 사람의 그릇, 즉 됨됨이를 말하며 사주 당사자의 기본적 운명을 함축한다. 격을 통해 구체적으로는 성격, 적성, 직업 등 그 사람의 특성에 대한 정보를 파악할 수 있다. 즉 격은 그 사람이 잘할 수 있는 강점이다. 따라서 나름의 특성을 파악하고 그 특성을 활용할 때 성공 가능성을 높일 수 있다.

격에는 내격(內格)과 외격(外格)이 있다. 내격은 일정한 원칙으로 이루어진 격이다. 대부분의 사람이 내격에 해당되며, 10가지의 종류가 있어 십격(十格)이라고도 한다. 외격은 내격의 절차로 격을 정할 수 없는 경우의 특수한 격으로 다양한 종류가 있다.

격은 하나가 아닌 여러 개일 수도 있다. 내격 또는 외격이라 하더라도 2개 이상일 경우가 있으며, 내격과 외격이 동시에 해당하는 경우도 있다. 내격과 외격이 같이 있을 경우에는 외격이 우선한다. 격이 여러 개이면 그 내용을 종합한 것을 그 사람의 특성으로 설명할 수 있다.

격은 '좋다, 나쁘다'로 평가하는 척도가 아니다. 격은 그 사람 나름의 특성이기 때문이다.

내격의 종류와 내용

내격이란 대부분의 사람에게 해당한다. 내격의 종류에는 자존감과 내면을 중시하는 비견격과 겁재격, 끼와 재주로 왕성한 활동의 식신격과 상관격, 경제적 활동으로 대표되는 편재격과 정재격, 명예와 출세의 편관격과 정관격, 학문과 사람과의 배려를 뜻하는 편인격과 정인격, 이렇게 10가지가 있다.

비견격

경쟁심이 있으면서 새로운 일에 대한 의욕이 강한 의지의 격이라 할 수 있다. 자존심과 자신감 및 자립심이 강하고 리더십도 있다. 그러나 고집이 있고 비타협적이며 시시비비 가리기를 좋아하는 면이 있어, 이 점을 잘 제어한다면 대인관계가 원만할 수 있다. 그럼에도 불구하고 사람과 관계하는 직업을 가질 때 자신의 능력을 십분 잘 발휘할 수 있다. 재복은 없는 편이다.

겁재격

비견격과 유사하다. 솔직하고 허식이 없다. 그러나 이기적이며 강한 자존심이 콧대 높고 잘난 척으로 나타날 수도 있어 대인관계에서 갈등관리가 필요하다. 재복이 없으므로 생활에 불편만 없다면 만족할 수 있어야 한다.

식신격

명랑하고 담백하며, 성격이 안정적이고 풍류를 즐길 줄 안다. 자신을 낮추면서 상대방을 배려하기 때문에 타인들로부터 호감을 사는 타입이다. 그러므로 자신을 드러내지 않으면서 꾸준하게 발전해나가는 직업이 좋다. 특히 말하는 직업이 적성에 맞는다. 의식주가 풍족해 어디를 가나 먹을 복이 있고, 건강하며 장수한다.

상관격

식신격과 유사하다. 식신격에 비해 총명하고 재주가 있으나 배짱이나 돌파력은 약하다. 또한 윗사람이나 강자에 반항하고, 약자에게 의협심을 발휘한다. 자신이 최고라는 생각으로 계획적인 면과 자유로운 면을 모두 가지고 있는 타입이다. 자기주장이 강하고 비판적이라 관운이 약하다. 그래서 벼슬은 못하고 기자 등의 직업이 잘 어울린다.

편재격

유머감각이 뛰어나고 타인을 편안하게 하는 타입으로, 술과 꽃을 좋아하며 누구하고든 쉽게 사귄다. 자신의 감정을 잘 드러내지 않는 편이며, 자유로운 행동과 부드러운 표현력을 가지고 있으면서 떠돌기를 좋아한다. 그래서 협상력을 발휘하는 사업이나 외교에 적절하다. 임무가 주어지면 신바람이 넘치는 끼 있는 사람으로, 일 욕심과 일복이 많다. 돈벌이에 억척이라 재물도 꾸준하게 들어오므로 경제적으로 어려움이 없이 살아간다. 은근한 고집이 있고 힘든 상황에서도 쉽게 화를 내지 않지만 한 번 화가 나면 오래가는 편이다.

정재격

편재격과 유사하나, 편재격보다 현실적이고 안정적이며 객관적이다. 편재격은 떠돌기를 좋아하나 정재격은 고정적이기를 좋아한다. 정직하고, 감성보다 이성이 발달하고 합리적이다. 논리적으로 생각하고 보수적이며 가정적이다. 자신이 독립해 일을 완성하고 수익을 창출하는 데는 배짱이 부족하지만 성실과 근검

절약으로 알부자란 소리를 듣는다. 한번 정을 주면 쉽게 배신하지 않지만 한번 싫어하면 오래 간다. 쉽게 친해지지 않고, 인간성이 나쁘다고 생각하면 절대로 그 사람과 친해지지 못한다.

편관격

대인관계가 원만하고, 명예욕구가 높아 책임감 또한 많다. 목표를 달성하기 위해서는 자존심의 손상도 감수하며 꾹 참고 꾸준히 노력하고, 끝까지 밀고 나가는 뚝심이 있다. 임기응변이 능하고 재치도 있으면서 주위 사람들의 힘을 활용할 줄 아는 리더 기질이 있다. 고집이 세고 성격이 급한 편이며, 타인과 비교 당하거나 남에게 간섭 받는 것을 싫어하며 승부욕도 대단한 무관 기질을 갖고 있다. 열정적이고 목표의식이 뚜렷해 집단이나 조직에서 뛰어난 행정능력을 발휘하고, 성취도가 높아 관리자로 출세하는 타입이다.

정관격

편관격과 유사하나, 편관격은 일에 관심이 많은 반면에 정관격은 인간적인 면에 관심이 많다. 그래서 정관격인 사람이 사업을 하면 인간관계에 얽매여 보증이나 돈거래로 인해 어려움을 겪기도 한다. 편관격은 군인·경찰 등 무관 쪽이라면, 정관격은 선비적이고 학자적인 문관 쪽이다. 편관격은 사업 쪽이라면,

정관격은 봉급생활자가 어울린다. 처음 대하는 상황과 사람을 매우 어색해하지만 한번 정을 주면 쉽게 배신하지 않는 의리파이기도 하다. 박학다식하지만 이로 인해 쓸데없는 걱정이 많은 단점도 갖고 있다. 사려 깊고 온화하며 점잖은 성격이므로 '착한 사람'이란 평판도 듣는다.

편인격

자비롭고 덕망이 있으며 포용력이 있다. 학자 타입이면서 어떤 한 분야에 독특한 재능, 즉 끼가 있는 사람이다. 그 재능으로 예술가·연예인·의료인·엔지니어·체육인·종교인 등에 종사할 때 자신의 능력을 잘 발휘할 수 있는 팔방미인격이다. 그러나 의존성이 있어 게으르고, 요령을 피우며, 용두사미로 어떤 일도 끝장을 보지 못하고 중도하차 하는 등에 주의할 필요가 있다. 이와 관련해 한 가지 직장에 만족을 못하고 부업을 가지는 경우도 있다.

정인격

편인격과 유사하나, 편인격이 팔방미인이라면 정인격은 단정하고 인자한 현모양처 같은 타입이다. 편인격이 다소 의존적이고, 게으르며, 일에 있어 용두사미이며 한 직장에 만족 못하는 등의 단점은 정인격에서는 해소된다. 정인격은 용모가 수려하다. 또한 소심하고 내성적이며 타인에 대한 배려가 깊고 동정심이 많다. 가까운 사람에게 즐겁고 기쁘게 해주기 위해 노력한다. 특히 모성본능이 강하고 여린 성격이며, 다른 사람의 칭찬에 민감하다. 다양한 인간관계를 맺기보다는 혼자 있거나 조용한 공간을 선호하고 고독을 즐기는 편이다. 타인의 마음을 간파하는 능력이 탁월해 상담가 또는 종교인의 기질이 있다.

내격의 종류와 내용

종류	비견격	겁재격	식신격	상관격	편재격	정재격	편관격	정관격	편인격	정인격
내용	자존감, 내면의 확장		끼, 의식주		일, 재물		조직, 명예		공부, 의존성	
	의지	자존심	호감	비평	사업	검약	무인	선비	팔방미인	현모양처

외격의 종류와 내용

외격이란 내격처럼 일정한 규칙으로는 찾을 수 없는 특수한 사주 명식이어서 특수격이라고도 한다. 한두 가지 오행으로 치우친 사주 등 특이한 구성의 사주가 여기에 해당한다. 비교적 많이 활용되는 60여 가지의 외격을 찾기 쉽게 '가 나 다' 순으로 제시했다.

가색(稼穡)격
체격이 풍부하고 행동에 무게가 있으며 종교가·부동산 중개인·법학자로서 명성을 얻는다.

간지지왕(干支持旺)격

재해가 별로 없고 심신이 건강해 장수한다. 명예를 탐내지 않고 해(害)를 멀리 한다.

간지쌍련(干支雙連)격

재물과 명예가 충만하고 남을 지휘하게 된다.

강왕(强旺)격

부귀하거나 빈천하거나 하는 극과 극의 현상으로 나타난다. 극과 극의 현상은 미래를 예측하는 대운과 세운의 좋고 나쁨에 따른다. 대운과 세운이 길운이면 부귀하고 흉운이면 빈천하게 되는 굴곡을 겪게 된다.

건록(建祿)격

건강하고 장수하지만 재물은 그다지 잘 모아지지 않는다. 공직자나 봉급생활자의 직업이 좋으며, 고향을 떠나서 자수성가해 출세한다.

곡직(曲直)격
타고난 천성이 인자하고, 교육·문화·자선사업 분야에서 큰 명성을 얻는다.

괴강(魁罡)격
운세가 극단적으로 되기 쉽고 변화와 진동의 폭이 크다. 남성은 총명하나 예의가 없고 무뚝뚝하며 까다롭다. 여성은 정신적·육체적 고달픔이 있을 수 있다.

구진득위(句陳得位)격
신강하면 재물과 명예가 드높고, 신약하면 재·관이 있어도 빈곤한 사주가 된다.

귀록(歸祿)격
중년 이후에 부귀하며, 자식 운이 좋다.

금신(金神)격
의지가 강하고 과단성이 있으며 총명하고 민첩하다. 관대 온후하고 명성이 높아 많은 사람의 리더로 활약한다.

내귀(來貴)격

알려지지 않은 덕이 있어 곤란한 일이 있을 때 타인의 도움을 받는다.

내록(來祿)격

외관과 달리 너그럽고 넉넉한 덕이 있다.

도충록(倒沖祿)격

명예와 재물의 이익이 따르는 사주이다.

복덕수기(福德秀氣)격

일생 재난이 적고 용모가 수려하며 장수하는 격으로 인덕이 있고 명예를 얻어 고위직에 오른다.

비재(飛財)격

큰 부자의 명이다

비천녹마(飛天祿馬)격
재물과 명예가 드높은 격으로 크게 명성을 얻는다.

사고(四庫)격
집착이 강하고 장관급 이상으로 재물과 명예가 많으나 자식복이 박하고 여성은 고독하다. 화개격이라 해 종교인·정치가·사업가·예술가·법조계 등의 일을 한다.

사생(四生)격
군인이나 정치가로서 최고 지위에 오르기도 한다. 역마격이라 해 운수업·여행업·무역업 등 돌아다니는 일을 한다.

사정(四正)격
문학적 소질이 있고 재물과 명예가 많으나 주색에 탐닉할 수도 있다. 도화격이라 해 유흥업·호텔업·연예계·디자이너 등 화려한 일을 한다.

삼기(三奇)격
총명하고 최고의 인격자라 할 만하며 재물과 명예가 충만해진다.

삼붕(三朋)격
재물과 명예가 충만할 명이다.

삼상(三象)격
부모의 공덕에서 시작되어 나를 거쳐 자식에 이르도록 크게 성공하는 격이다.

상생오국(相生五局)
학문·예술·기술 방면에 재능이 우수해 두각을 나타낸다.

상성오국(相成五局)
재복과 관복으로 크게 성공한다.

생처취생(生處娶生)격
부귀의 명이다.

세덕부살(歲德扶殺)격
재물과 명예가 많은 격이다.

세덕부재(歲德扶財)격
조업을 계승하고 사회적으로 출세하여 이름을 세상에 드날리게 된다.

순환상생(循環相生)격
대·세운의 영향을 받지 않는 매우 존귀한 사주의 격이다.

시묘(時墓)격
복이 생기고 큰 부자도 된다.

시상정관격
중년 이후에 발달하며 남성은 자식 복, 여성은 남편 복이 있다.

시상편관격

정치가, 군인, 법조인으로 크게 명성을 떨칠 수 있다.

시상편재격

남이 부러워하는 재물과 명예가 많은 격이다.

양인(羊刃)격

강렬한 성격이나 재주 및 기능이 많다. 겁재격과 비슷하다. 법조인·군인·경찰로 명성을 떨친다.

염상(炎上)격

성격이 급하면서도 예의가 바르다. 수명은 보통이다. 정신문화나 법무 또는 화(火)관련 사업에 명성을 얻는다.

월인(月刃)격

학술·기술·예체능에 두각을 나타내며, 부자가 될 명이다.

육을서귀(六乙鼠貴)격
재물과 명예가 충만하다.

육음조양(六陰朝陽)격
귀기(貴氣)가 강하여 반드시 재물과 명예가 충만해 진다.

육임추간(六壬趨艮)격
지혜롭고 인자한 성품을 지닌다.

윤하(潤下)격
지혜롭고 영리하며 대민봉사와 수(水)관련 사업과 농림수산업에 성공한다.

일귀(日貴)/일덕(日德)격
사람들에게 알려지지 않은 덕이 있어 곤란한 일이 있을 때 타인의 도움을 받는다.

일기생성(一氣生成)격
재물과 명예의 명으로 행복하고 장수한다.

일인(日刃)격
재물을 빼앗고 배우자를 극하는 흉격이지만, 신약하면 도리어 길격이다.

임기용배(壬騎龍背)격
명예가 드높거나 부자가 된다.

자오쌍포(子午雙包)격
수(水)와 화(火)가 상호작용이 되므로 귀한 사주이다.

자요사록(子遙巳祿)격
귀한 사주로 재복과 관복이 많다.

잡기(雜氣)관성격
관복이 많다.

잡기(雜氣)인성격
후한 복을 누린다.

잡기(雜氣)재성격
재복이 많다.

전록(專祿)격
명예로울 격이다

전식합록(傳食合祿)/전인합록(專印合祿)격
재물과 명예로 명성이 높을 사주가 된다. 가을과 겨울생이 좋다.

전재(專財)격
재물과 명예가 충만해진다.

정란사차(井欄斜叉)격
가을과 겨울 생은 귀격이며, 통상 군인으로 크게 성공한다.

종관(從官)격/종살(從殺)격
관계(官界)에서 크게 명성을 얻는다.

종아(從兒)격

재물이 풍부하나 남성은 자식, 여성은 남편에 대해 걱정이 있을 수 있다.

종재(從財)격

큰 부자의 명이다. 남성은 재물과 명예뿐 아니라 처와 자식이 영달하며, 여성은 남편이 크게 성공한다.

종혁(從革)격

통이 크고 의리를 중시하며 검찰·법관·군인 및 금(金)관련 사업에 명성을 얻는다.

지지연려(地支連茹)격

인격이 높고 의지가 강하며, 재물과 명예가 잘 갖춰진 명이다.

천간연주(天干連珠)격

부모덕이 많다.

천지덕합(天地德合)격

성격이 명랑하고 쾌활해 사교직이다. 재물과 명예의 명이다.

축요사록(丑遙巳祿)격
부귀하면서도 교만하지 않다.

충록(沖祿)격
명예로울 격이다

파재(破財)격
재운과 관운이 발달해 의외의 재물을 얻을 격이다.

화기(化氣)격
국가적 지도자가 되는 좋은 격이다.

현무당권(玄武當權)격
성격이 온화하고 지혜가 있다.

협구(夾丘)격
재물을 보이지 않게 깔고 있는 형상이니 보이지 않는 돈이 많거나 따르는 무리가 있다.

형합득록(刑合得祿)격
귀함과 복력이 있다.

7장 취약성

팔자 중 오행과 십신의 태과

사람은 불완전하기에 누구나 취약점을 갖고 있다. 그 취약점을 제대로 파악하고 최소화하거나 장점화할 때 성공하는 인생을 살 수 있다. 사람마다의 취약점은 사주팔자의 불균형 때문에 생겨나는 것으로 2가지의 경우가 있다. 하나는 사주팔자 중 어떤 오행과 십신이 많은 태과로 생기고, 또 하나는 오행과 십신이 없거나 적은 불급으로 생기는 것이다.

이 장에서는 오행과 십신의 태과로 인한 나의 취약점을 알아보고자 한다. 오행과 십신의 태과(太過)란 팔자 중 같은 오행 또는 같은 십신의 글자가 3개 이상 많아 사주팔자의 균형을 무너뜨리는 것을 말한다. 오행과 십신이 많다는 것은 그 글자의 기질은 강해지고 다른 글자는 약해지는 문제점을 지닌다. 오행은 태과하나 십신은 태과하지 않는 경우도 있으며 해당이 안 되면 취약점은 그만큼 줄어드는 것이다.

오행의 태과

목(木)

유연성을 의미하는 글자로 적절할 경우 어질고 장수하나, 목이 많을 경우 유연성이 지나쳐서 정신력이 허약해질 수 있다. 목이 많으면 토(土)가 약해지므로 부자가 되기 어렵고, 토의 성질인 비위(脾胃)가 약하다.

화(火)

명랑 쾌활하나 성급하고, 세속과 명예를 추구하는 기질이 있다. 화가 많을 경우 금(金)이 약해 폐와 대장이 약해진다. 화다(火多) 토조(土燥), 즉 과한 불로 흙이 구실을 못하는 경우로 여성은 자식 얻기가 힘이 든다.

토(土)

믿음(信)과 중용을 중요시한다. 토가 많아 중용의 균형이 깨어지면 부자도 많고 백수도 많은, 극단을 지닌 팔자가 되기 쉽다. 또한 수(水)가 약해져서 여성의 경우에는 생리불순이 될 수 있다.

금(金)

혁신적이고 의리를 의미하며, 수(水)가 강해지고 체력이 좋은 면은 있으나 팔자 중에 금이 많을 경우 시비를 즐기고 타협이 부족하다. 또한 목(木)이 약해지므로 신체 중에서 간담(肝膽)이 약해진다.

수(水)

수는 본질적으로 잘 흘러가므로 수가 많을 경우 정착의 힘이 약해 이사가 잦다. 수는 음(陰)으로 어두운 밤의 논리가 강해져서 유흥에 빠지기 쉽다. 수는 독, 마약을 의미하므로 약물중독, 우울증 등에 취약하다.

오행의 태과

목 태과	• 유연성이 지나쳐서 정신력이 허약해질 수 있음 • 목이 많으면 토가 약해지므로 부자 되기가 어려움 • 토 성질인 비위(脾胃)가 약함
화 태과	• 여성은 임신이 힘듦 • 금이 약해 폐와 대장이 약해짐
토 태과	• 부자도 많고 백수도 많음 • 수가 약해져 여성은 생리불순이 될 수 있음
금 태과	• 시비를 즐기고 타협이 부족함 • 목성질인 간담(肝膽)이 약해짐
수 태과	• 이사가 잦고 정착의 힘이 약함 • 유흥에 빠지기 쉬움 • 약물중독, 우울증에 취약함

십신의 태과

비견(比肩)
팔자 중에 비견이 많으면 승부욕과 고집이 세고 안하무인 같은 기질이 있다. 남성인 경우 처 및 자식과 갈등이 있을 수 있다.

겁재(劫財)
팔자 중에 겁재가 많으면 약탈의 논리에 강해 깡패 같은 기질이 있다. 배우자로 인한 걱정이 있을 수 있다.

식신(食神)
팔자 중에 식신이 많으면 끼가 지나쳐서 유흥으로 돈을 날릴 가능성이 있다. 부잣집 외동아들이 기생집 출입을 하다가 집안 재산 날리는 꼴이다. 몸은 바쁘나 실속이 없다. 관(官)을 손상시키므로 무법적 기질이 있다.

상관(傷官)

팔자 중에 상관이 많으면 식신과 유사하나, 여성은 성(性)에 헤프고 혼자 사는 팔자로, 남의 자식을 키우기 쉽다. 남성은 여자를 잘 유혹하나 뒷감당을 못하는 수가 있다.

편재(偏財)

팔자 중에 편재가 많으면 크게 한번 사업을 벌이려 하는 등 투기성이 많다. 감당을 못하면 본전도 못 찾는 실패를 하게 된다. 학문에 약해 공부를 싫어하고, 남성의 경우 여자가 잘 따르다 보니 바람을 피우나 거의 들키게 된다.

정재(正財)

팔자 중에 정재가 많으면 처로 인해 어려움이 따른다. 재(財)는 기본적으로 짐이라 감당이 안 되어 지니질 못한다. 재다(財多)는 신경통이 오기 쉽고, 수족(手足)이 약하다.

편관(偏官)

팔자 중에 편관이 많으면 남성은 낮은 직급의 일을 하게 되고, 자식은 출세한다. 여성은 자존심이 강하고 고집 때문에 기본적으로 팔자가 세다.

정관(正官)

팔자 중에 정관이 많으면 편관과 유사하나 피곤한 인생이다. 직장의 이동과 변화가 잦고, 일복만 많다.

편인(偏印)

팔자 중에 편인이 많으면 부모 간에 우환 곡절로 어린 시절 성장에 애로를 겪는다. 글과 관련된 능력은 있으나 비활동적이라 진취력이 약하다. 자격증이나 인허가 쪽은 발달한다.

정인(正印)

팔자 중에 정인이 많으면 부모 덕은 있으나 어린 시절의 성장은 불충분하다. 마마보이가 되기 쉽다. 학문적으로는 성공하나 자기본위적이다.

십신의 태과

비견 태과	• 승부욕과 고집이 셈 • 안하무인 기질이 있음
겁재 태과	• 깡패 같은 기질이 있음 • 배우자로 걱정이 있음
식신 태과	• 유흥으로 지출이 발생할 수 있음 • 몸은 바쁘나 실속이 없음 • 무법적 기질이 있음
상관 태과	• 여성은 혼자 살고 남의 자식을 키우기 쉬움 • 남성은 여자관계가 복잡할 수 있음
편재 태과	• 투기성이 많고 실패하기 쉬움 • 공부를 싫어함 • 남성의 경우 여자가 잘 따르고 바람을 피우나 거의 들킴
정재 태과	• 처로 인해 애로가 있음 • 재(財)는 기본적으로 짐인데, 감당 능력이 없어서 지니기 힘듬 • 신경통이 오기 쉽고, 수족(手足)이 약함
편관 태과	• 남성은 자신이 막노동하고, 자식은 출세함 • 여성은 팔자가 셈
정관 태과	• 피곤한 인생임 • 직장의 진반이 짖고 일복만 많음
편인 태과	• 어린 시절 성장에 애로 겪음 • 글 능력은 있으나 비활동적임 • 자격증이나 인허가 쪽이 발달함
정인 태과	• 부모 덕은 있으나 어린 시절의 성장은 불충분함 • 마마보이가 되기 쉬움 • 학문적으로는 성공하나 자기본위적임

8장 취약성

팔자 중 오행과 십신의 불급

불급(不及)이란 팔자 중 오행 또는 십신의 글자가 없거나 매우 약해 사주 팔자의 균형이 무너진 것을 말한다. 오행과 십신이 없거나 약하면 팔자 간에 상호유통을 못하고 고립되어 제 역할을 못한다. 오행은 불급하나 십신은 불급하지 않는 경우도 있으며, 해당이 안 되면 취약점은 그만큼 줄어든다.

오행의 불급

목(木)

생명력과 지구력을 의미하고, 부정을 긍정으로 바꾸는 힘이다. 목이 불급하면 활동력이 약하고, 치밀성이 떨어진다. 정착력이 약하며, 혈기가 지나쳐 적을 만들기 쉽다. 목이 불급하면 오히려 목을 추구해 유아를 좋아한다. 간담이 허하다.

화(火)

화려하고 활동적이며 사고(思考)를 의미한다. 화가 불급하면 활동력이 약하고, 매사에 소극적이며 음성적으로 되기 쉽다. 화 없는 금(金)은 금이 아니어서 과단성이 약하고, 화 없는 토(土)는 허하고, 화 없이 목(木)이 많으면 토가 상하므로 정착이 힘들다. 화가 약하거나 없으면 남쪽이 발복하는 방향이다. 또한 심장이 약하고 시력도 떨어지며, 암에 취약하고 우울증이 많다.

토(土)

중재 역할을 하고, 정착을 의미한다. 토가 불급하면 중재할 힘도 약하고 중용도 흐려진다. 어느 한곳에 정착하기 어렵고 유동적이다. 재벌이 되거나 거지가 되는 것처럼 극단적으로 되기 쉽다. 토가 없고 지지에 인, 신, 사, 해(寅, 申, 巳, 亥)가 위치하면 거의 운송업, 항공업, 여행업에 종사한다.

금(金)

변혁과 결실로 마무리를 의미한다. 금이 불급하면 변화와 혁명의 기운이 약하고 마무리도 약하다. 매사가 용두사미가 되기 쉽고, 결실인 자손이 드문 경우도 있다. 금이 없고 목(木)만 많으면 화(火)로 기운이 쏠려 화려함에 치중한다.

수(水)

학문, 기억력이나 지혜, 휴식, 저장을 의미한다. 수가 불급하면 마음의 갈증을 많이 느끼게 되고, 목(木)인 지구력이 약해진다. 또한 박정하고 융통성이 부족하다. 해외발복으로 바다를 건너가면 큰일을 해내기도 한다. 해외여행이 좋다. 신체적으로는 신장과 방광이 약하고 피가 탁해 당뇨가 오기 쉽다.

오행의 불급

목 불급	• 활동력, 치밀성, 정착이 어려움 • 혈기로 적을 만들기 쉬움 • 유아를 좋아함 • 간담이 허함
화 불급	• 활동력이 약하고, 소극적이고, 음성적이 되기 쉬움 • 정착력과 과단성이 약함 • 심장이 약하고 시력도 떨어짐. 암에 취약하고 우울증이 많음
토 불급	• 중재 힘이 약하고, 중용도 약해짐 • 정착하기 어렵고 유동적임 • 재벌과 거지 등 극단적이기 쉬움 • 거의 운송업·항공업·여행업에 종사함
금 불급	• 변화와 혁명의 기운이 약하고, 마무리도 약함 • 용두사미가 되기 쉽고, 자손이 드문 경우도 있음 • 회려힘에 지중하기 쉬움
수 불급	• 마음의 갈증을 많이 느끼고, 지구력도 약해짐 • 박정하고, 융통성이 부족함 • 해외 발복으로 유학과 해외여행이 좋음 • 신장과 방광이 약하고, 당뇨가 오기 쉬움

십신의 불급

비겁(比劫)

배기량, 즉 사람의 그릇 크기를 의미한다. 팔자 중에 비견과 겁재가 불급하면 협동과 경쟁의 논리가 약하고, 그릇이 좀 작다. 자기 본위이고 고독하며, 남과의 협동도 싫어하고, 경쟁도 싫어한다.

식상(食傷)

자기표현, 예술성을 의미한다. 재(財)를 얻는 터전, 열매를 만드는 꽃이다. 식신과 상관이 불급하면 재주가 약하고, 잡기(雜技)에 무관심하다. 여성에게 식상은 자식이므로 식상이 약하거나 없으면 자식과의 인연이 약해 오히려 자식에 집착한다.

재성(財星)

생명을 유지하는 근원으로, 누구나 취할 수 있는 재물과 남성에게는 여성을 의미한다. 재성이 불급하면 투기성이 약하고, 사업 재능과 연애 능력이 적은 편이다. 아버지와 인연이 짧다. 재성이 없으면 여성과 돈이 다 내 것이기도 하고, 하나도 없기도 하다. 처와 잘 살기도 하고, 항상 바람을 피우는 사람도 있다.

관성(官星)

명예의 논리이며 제어의 존재이다. 관성이 불급하면 대장 노릇을 하려 하고, 남의 간섭을 매우 싫어하고, 절제가 약하다. 여성은 관성이 남편이므로 남편과 인연이 약하다. 남성은 관성이 아들을 의미하므로 아들과 인연이 약하다. 또한 관성은 직업을 의미해 직업상의 변동이 많다. 기본적으로 남성은 관성이 있어야 폼이 난다.

인성(印星)

학문의 논리이며 제어의 존재이다. 인성이 불급하면 학문에 집착하나 석·박사 등의 고학력자는 되지 못한다. 이 역시 간섭을 싫어해 남 밑에 있기가 어렵다. 또한 행동의 제어가 약하고 즉흥적이며 후원자가 약하고 애정결핍이 있다.

십신의 불급

비겁 불급	• 협동과 투쟁의 논리가 약하고, 그릇이 적음 • 자기본위적이며 고독하고, 경쟁의 논리가 없음 • 투쟁을 싫어하고, 약탈 논리에 약함
식상 불급	• 재테크 재주가 약함 • 잡기에 무관심함 • 여성은 자식과의 인연이 약하고, 오히려 자식에 집착함
재성 불급	• 투기성이 약하고, 사업 재능도 거의 없음 • 연애 능력이 적고, 아버지와의 인연이 짧음 • 여자와 돈이 다 내 것이기도 하고, 하나도 없기도 함
관성 불급	• 대장 노릇을 하려 함 • 남 간섭 받는 걸 매우 싫어하고, 절제가 약함 • 남성은 아들과의 인연이 약함 • 직업상의 전변이 많음
인성 불급	• 학문에 집착하고, 남의 간섭을 싫어함 • 행동의 제어가 약하고, 즉흥적임 • 후원자가 약하고, 애정결핍이 있음

사주 Tip

좋은 사주,
나쁜 사주

지위가 높거나 돈이 많으면 좋은 사주라고 한다. 하지만 이런 사주는 인생의 기복이 커서 다른 면에서 불행의 깊이 또한 깊다. 전자파처럼 전자 폭이 크면 최고점도 높지만 최저점도 깊다. 파장 또한 길어 불행의 기간과 아픔은 오래 지속된다. 산이 높으면 골도 깊은 이치와 같다.

반면에 지위도 돈도 내세울게 없는 사람은 나쁜 사주라 하지만 이런 사주는 인생의 기복이 크지 않아 불행의 깊이는 그리 크지 않다. 전자 폭이 적으면 최고점도 높지 않지만 최저점도 깊지 않다. 파장 또한 짧아 불행이라고 해도 그 기간과 아픔도 짧다. 산이 높지 않으니 골도 깊지 않아 구릉 정도가 이어지는 현상과 같다.

이렇듯 사주란 것이 나름의 가치와 역할이 있어 좋다 나쁘다고 평가할 수는 없다. 그래서 좋은 사주도 없고, 나쁜 사주도 없다.

그러면 완전한 사주는 없는가? 완전한 사주의 사람은 없다. 왜냐하면 완전한 사주란 신을 뜻하기 때문이다.

역학에서는 완전한 사주가 없는 이유를 지구의 자전축이 23.5도 기울어져 있기 때문이라고 설명한다. 사계절이 변하는 것도 지구의 자전축이 기울어져 있기 때문에 태양과의 거리가 변해 생기는 현상인 것이다. 사람도 기울어져 있는 지구의 자전축만큼 나름의 불완전성을 지니고 있으면서 완전하려고 노력한다. 항상성(恒常性)이라 해 비정상적인 것은 반드시 정상화되려는 성질을 갖기 때문이다.

따라서 사주역학이란 사람의 불완전성을 파악하는 과정이다. 불완전성이 파악되면 이를 바로하기 위해 무엇이 필요한가를 알기 위해 노력한다. 항상성 때문이다.

그래서 사주팔자, 즉 운명은 바꿀 수가 없지만 운명에 대한 태도는 바꿀 수가 있는 것이다. 지금이 '나아갈 때'인지 '물러설 때'인지를 알고 올바른 길로 나아갈 수 있다는 것이다. 이것이 바로 사주역학의 매력이라 할 것이다.

사주역학을 용광로로 비유하기도 한다. 잡다한 광석을 집어넣어 천도가 넘는 열을 가해 금속을 얻어내는 것처럼 역학은 모든 근심걱정을 쏟아부어 녹여 없애 준다. 좋은 일도, 나쁜 일도 사주역학을 통해 이해하고 수용하기 때문이다. 사주역학은 각자 맞춤형 인생을 살아가게 도와준다.

사주역학을 바다로 비유하기도 한다. 바다는 모든 물을 받아들이고 이를 중화시켜 바다 자신의 정체성인 푸름을 유지하기 때문이다. 불완전성을 인정하고 수용하고서 완전성을 향해 자신을 담금질하고 푸름을 유지하는 용광로와 바다야말로 사주역학과 닮아 있다.

9장 취약성

허공의 공망(空亡)

공망(空亡)이란 '비어서(空) 없는(亡) 것'이란 뜻으로 허공이다. 공망은 60간지를 만들기 위해 천간 10개와 지지 12개를 짝짓게 되는데, 이때 천간 2개가 부족해 남는 지지 2개는 오갈 데가 없어 생기는 현상이다. 공망은 허공이라 '밑 빠진 독'으로 누구나 갖는 숙명적인 그 사람의 허약한 부분이다. 비어서 없는 것이어서 자꾸 채우고 메우려 하는 의욕은 강해지나 잘 이뤄지지는 않는다.

지지별 공망의 의미

술 / 해

술·해 공망은 공망 중 제일 먼저 시작하는 공망이라 대장노릇을 하려 한다. 술·해가 음(陰)의 끝이라 양(陽)의 천문(天門)이 되어 역학과 한의사 등을 추구한다.

신 / 유, 인 / 묘

신·유와 인·묘 공망은 심성이 여려진다. 심성이 여리면 뇌물 등에 취약하고, 남성의 경우 여자가 눈물만 보여도 마음이 그냥 약해져버린다.

오 / 미

화려함의 오·미가 공망이므로 화려한 세속적인 부분을 추구한다.

진 / 사

진·사 공망은 진·사가 양(陽)의 끝이라 음(陰)의 인문(人門)으로 재물과 명예 등을 추구한다.

자 / 축

자·축 공망은 숨은 실력자이다. 귀신이 활동을 시작하는 시간에 해당해 귀문(鬼門)으로 앞일을 제시하며, 종교 및 철학 등을 추구한다.

십신별 공망의 의미

비견 / 겁재

비견 공망은 형제자매가 도움이 안 되며, 투쟁과 경쟁은 회피하려 하고 일의 추진력이 약하다. 마음도 여리다. 겁재 공망은 비견 공망과 유사하나 부정적 요인이 비견 공망보다 훨씬 감소된다.

식신 / 상관

식신 공망은 식복이 부족하고 건강도 좋지 않으며 제조능력이 약하다. 여성은 유산·낙태 등이 우려되고, 자식에게 의지하기 어렵다. 상관 공망은 여성은 사치를 모르고 남편을 극하지도 않으나 자녀 복이 박할 수가 있다.

편재 / 정재

편재나 정재가 공망이 되면 재물로 인한 어려움이 있을 수 있다. 행운에서 재운이 와도 발복이 잘 안 된다. 남성은 처복이 약하거나 처를 상하게 할 수 있다.

편관 / 정관

남의 간섭을 못 참는다. 그래서 조직에 잘 적응을 못 한다. 남성은 자식 복에 약할 수 있으며, 여성은 남편이 둘이 되어 힘들수 있다. 특히 정관 공망은 명예는 기대할 수 없고, 직위가 낮고 불안정하며, 남성은 자식 복이 박하고, 여성은 남편 덕이 적다. 편관 공망은 일반적으로 길(吉)이 되지만 직위는 높지 않다. 객지 생활을 많이 하고, 여성은 혼사가 늦어진다.

편인 / 정인

이모지자(二母之子)라 해 어머니가 둘이란 뜻인데, 어머니로부터 충분한 양육을 받지 못하는 등 어머니 인연이 적음을 말한다. 특히 정인 공망은 인격이 떨어지고 도의에 어긋난 짓도 한다. 부부 해로가 어려울 수 있고, 여성은 외롭다. 편인 공망은 일반적으로 길(吉)이 된다. 편법의 학문과 순발력, 그리고 술수에 약하다.

10장 사주의 변화

조화와 생산의 합(合)

합에는 천간 합과 지지 합과 지지 심합, 이렇게 3가지가 있다. 합이 되면 서로 사이가 좋아져서 단결되고 조화를 이루며, 친절하고 다정해 사교성이 있다. 그래서 합은 사주팔자에 유리하게 작용하는 변화이지만 한두 개로 적절해야지 많으면 좋지 않다. 다정이 병이 되기 때문이다. 합이 전혀 없는 사주도 맑은 사주라 좋다.

천간 합(天干 合)

갑기(甲己)

나무 잎이 땅에 썩어 비옥함을 줘서 오곡과 과실의 단맛을 만들어주는 형상이다. 이 합은 도량이 넓고 순리에 따르며 분수를 지킴으로써 남과 화합하고 존경을 받는다.

을경(乙庚)

가을바람이 불면 모든 벌판에 곡식이 익어 풍요로운 결실을 거두게 되는 형상이다. 이 합은 강건하고 과감하고 용맹하며, 어질고 의리가 있다. 남성은 인격과 권위가 있고, 여성은 미인이다.

병신(丙辛)

태양(丙火)이 눈과 서리(辛金)를 녹여 물을 만들어내는 형상이다. 이 합은 점잖고 엄숙하며 위세가 당당하나 변덕스럽고 잔인한 면이 있으며, 색정이 있는 면도 있다.

정임(丁壬)

정자가 자궁을 찾아 들어가 새 생명(木)이 태어나는 이치이다. 이 합이 되면 대체로 용모가 수려하나 끼가 있다. 감정에 흐르기 쉽고 색을 좋아하다보니 연애, 동거, 내연의 관계가 많다. 인생 중 전반이 좋으면 후반이 나쁘고, 인생 중 전반이 나쁘면 후반이 좋다.

무계(戊癸)

높은 나무 꼭대기의 잎이 파릇파릇한 것은 삼투압에 의해 물이 올라가기 때문인데 이런 작용으로 형상화할 수 있다. 이 합은 용모는 아름다우나 정이 없고 색욕에 빠질 우려가 많다. 남성은 독신을 고집하고, 여성은 미남을 선호한다. 결혼할 경우 남녀 간에 나이 차이가 많다.

지지 합(地支 合)

자축(子丑)

은밀하고 성적인 합이다. 이웃의 둘이 한밤중에 결합하는 합이기 때문이다. 잘 들키지도 않는다.

인해(寅亥)

해외로 유학 가서 인연을 만나 연애하는 합이라 할 수 있다. 그 이유는 역마와 역마의 만남이면서 서로 멀리 떨어진 합이기 때문이다.

묘술(卯戌)

봄 처녀(20대)와 가을 남자(60대)의 만남으로 춘추지합(春秋之合)이라고도 한다. 이 합이 되면 지혜롭고 총명하며 문예에 강하다.

진유(辰酉)

봄 총각이 가을 아줌마를 유혹하는 형태의 합이며, 건장하고 무예에 능하다.

사신(巳申)

이 합은 역마와 역마의 합이기 때문에 '만남과 헤어짐'을 자수 하고 살 빼치며, 합이 되었다가 헤어질 때 구설과 시비의 일이 있다.

오미(午未)

옆집 또는 사내(社內) 연애라 할 수 있다. 서로 근처에서 한낮에 공공연히 하는 합이기 때문이다. 자축(子丑) 합은 북극에서 이루어지나 오미(吾未) 합은 적도에서 이루어지는 합이다.

지지 삼합

지지 삼합은 지지의 세 글자를 합해 하나의 오행으로 변하는 합이다. 삼합이 되어 변하는 오행은 강력한 힘을 발휘한다. 그래서 합(合) 중의 꽃으로 불린다. 삼합은 흔하지 않으나 삼합이 성립되면 가족 간에 화목하고, 용모가 수려하며, 총명·정직·원만한 인격자이고, 삼합된 오행의 직업은 자신이 '잘할 수 있는 천직'이라 할 만하다.

해묘미(亥卯未)

목(木)의 오행으로 변하며, 목(木)과 관련된 영농·종묘·원예·목장·섬유·펄프·건축자재·토목건축·가구 등의 직업이 좋다.

인오술(寅午戌)

화(火)의 오행으로 변하며, 화(火)와 관련된 학문·법·예도·문화·예술·미술·언론기관·연료·화학공업 등의 직업이 좋다.

사유축(巳酉丑)

금(金)의 오행으로 변하며, 금(金)과 관련된 금은보석·철·금속·기계류·전기제품·무기·고체물질·폭발물·화폐 등의 직업이 좋다.

신자진(申子辰)

수(水)의 오행으로 변하며, 수(水)와 관련된 댐·저수지·강과 하전·하수도·수력발전소·어망·액체물질·원자력 등의 직업이 좋다.

지지 삼합의 종류와 직업

종류	변하는 오행	직업
해묘미	목	영농, 종묘, 원예, 목장, 섬유, 펄프, 건축자재, 토목건축, 가구
인오술	화	학문, 법, 예도, 문화, 예술, 미술, 언론기관, 연료, 화학공업
사유축	금	금은보석, 철, 금속자원, 기계류, 전기제품, 무기, 고체물질, 폭발물 저장소, 화폐
신자진	수	댐, 저수지, 강, 하천, 하수도, 수력발전소, 어망, 액체물질, 원자력

11장 사주의 변화

충돌과 갈등의 충(沖)

충(沖)은 '빌 충'으로 '텅 비게 되어 밑바닥을 친다'는 뜻이다. 충돌로 깨지고 분리되어 다툼과 사고 및 병고가 생기는 것이다. 그래서 싫어하고 피하고자 하는 게 충이며, 실제로 충이 없는 사주팔자가 좋은 것은 사실이다. 반면에 충은 담금질로, 사람을 한 단계 더 발전하고 큰 인물로 거듭나도록 하는 건설적 파괴로 표현하기도 한다. 그러므로 잘 극복하면 성공적 삶을 살 수 있나. 이런 섬에서 중은 앞서 알아본 합보다 오히려 바람직할 수도 있는 사주팔자에서 생겨나는 또 하나의 변화이다.

충에는 천간 충과 지지 충이 있다. 천간 충은 지지 충보다 파괴력이 크고 임팩트가 강한 반면, 지지 충은 천간 충보다 파괴력은 약하나 대신 지속력이 강하다.

천간 충(天干 沖)

갑경(甲庚)
도끼로 나무를 패는 것으로 파란·이동·동요가 심하다. 특히 건강에 유의해야 한다.

을신(乙辛)
칼로 꽃나무를 자르는 것으로 파란·이동·동요가 심하다. 이 또한 건강에 유의해야 한다.

병임(丙壬)

물이 불을 다스리는 것으로 파란·이동·동요가 심하다. 특히 명예 실추를 유의해야 한다.

정계(丁癸)

병임충과 같이 물이 불을 다스리는 것으로 파란·이동·동요가 심하다. 특히 명예를 지키는 데 유의해야 한다.

지지 충(地支 沖)

자오(子午)

자·오가 천지(天地)를 뜻해 이들의 충돌은 극단적이다. 신변의 이동이 많고, 심신이 모두 동요가 많다. 남녀 간 다툼으로 심신이 불안정하며, 고향을 떠나 여기저기 떠도는 타향살이가 많다. 자는 방광에 해당하고, 오는 소장에 해당해 방광과 소장에 관계된 질병을 조심해야 한다.

묘유(卯酉)

묘·유가 일월출몰(日月出沒)을 뜻해 이 또한 극단적이라 신변의 이동이 많고, 심신이 모두 동요가 많다. 추상살초(秋霜殺草)로 근심걱정이 많고, 가까운 사람을 배신하거나 부부 및 가

족 간에 불화가 생긴다. 병마에 자주 시달리고, 간과 폐계통의
질병을 조심해야 한다.

인신(寅申)

신변의 이동과 변동이 많다. 다정이 오히려 병이 되어 남녀
사이에 다툼과 구설수가 생긴다. 자동차·기차 관련 교통사고가
발생할 수 있다. 건강에 대해서는 담과 대장계통의 질병을 조심
해야 한다.

사해(巳亥)

신변의 이동과 변동이 많다. 잔걱정이 많은 형국으로 내면의
갈등이어서 잘 드러나지 않는다. 사소한 일이 중하게도 되고 돈
과 명예를 얻어도 잃어버린다. 배와 비행기 관련 이동과 여행
및 폭발에 대한 사고가 발생할 수 있다. 삼초(三焦)와 방광계통
의 질병을 조심해야 한다.

진술(辰戌)

대개 동요가 일어나나 닫힌 창고의 문을 여는 것이어서 좋은
일도 있다. 호색하고 헛된 욕심이 강하다. 부부는 냉랭한 관계
로 독수공방한다. 뜻하지 않은 장애로 실패를 한다. 토지와 가

옥의 문제로 구설과 소송이 발생할 수 있다. 위장과 피부 관련 질병을 조심해야 한다.

축미(丑未)

대개 동요가 일어나나 닫힌 창고의 문을 여는 것이어서 좋은 일도 있다. 형제간 잦은 불화와 다툼이 있다. 토지와 가옥의 매매·개축·이사 등이 발생한다. 비장과 관련한 질병을 조심해야 한다.

12장 나의 인간관계

사주와 십신

가족을 포함한 나의 인간관계를 나타내는 십신은 비견과 겁재, 식신과 상관, 편재와 정재, 편관과 정관, 편인과 정인의 10가지를 말한다. 비견(比肩)과 겁재(劫財)는 재물로 인한 아픔이 있는 반면, 사기충심성이 강하고 노량이 커지는 장점이 있다. 식신(食神)과 상관(傷官)은 의식주(衣食住)를 뜻하고, 나를 표현하는 능력이다. 편재(偏財)와 정재(正財)는 재물로 양명(養命)의 근원이다. 편관(偏官)과 정관(正官)은 권력과 명성으로, 남성은 조직과 직장을 의미하고, 여성은 남편에 해당한다. 편인(偏印)과 정인(正印)은 학문과 사랑이며, 제어의 의미를 지닌다.

십신이 사주인 년주와 월주, 그리고 일지와 시주 어디에 위치하는가에 따라 그 의미가 각각 다르다. 다음에서 설명하는 년주, 월주, 일지, 시주에서 제공받은 키워드의 십신을 찾으면 사주와 십신에 따른 '나의 인간관계' 풀이가 가능하다. 천간과 지지가 같은 십신일 경우 내용이 반복되게 되어 그 의미가 강조될 수 있다.

년주와 십신의 의미

년주는 초년기(0~20세)에 해당하며
앞 십신에 10년, 뒤 십신에 10년간 영향을 미친다.

비견
부모와 다른 삶을 살게 된다.

겁재
부모로부터 일찍 독립한다.

식신
성장환경이 유복하다.

상관
자신의 능력보다 과소평가된다.

편재
조상으로부터 물려받은 재능으로 먹고 산다.

정재
안정된 환경에서 성장하고 재능이 있다.

편관
남성은 정력이 강하다. 여성은 노력보다 후한 평가를 받는다.

정관
가업을 이으면 안정된다.

편인

종교나 영성에 관심이 많다.

정인

학업 성취도가 높다.

월주와 십신의 의미

월주는 청년기(21~40세)에 해당하며
앞 십신에 10년, 뒤 십신에 10년간 영향을 미친다.

비견
담백하고 성실하며 인생 후반에 발복해 자수성가한다.

겁재
전문직이나 개인사업이 유리하며, 자수성가한다.

식신
삶이 평탄하다.

상관
정의감이 투철하나 입바른 불이익을 본다.

편재
철저하게 자수성가하게 된다.

정재
융통성이 없고 인색한 반면 돈관리가 철저해 신용도가 높다.

편관
파란과 굴곡이 있는 편이다.

정관
가정과 사회생활이 안정된다.

편인

삶의 변동과 변화가 많은 편이다.

정인

학문 분야에 친숙하다.

일지와 십신의 의미

일지는 장년기(41~60세)에 해당한다.

비견
일의 추진력이 강해 뜻한 바를 잘 성취한다. 하지만 부부관계는 갈등이 많고 재복은 없는 편이다.

겁재
추진력은 강하나 부부관계가 불안정하다. 그래서 자신보다 더 기(氣)가 센 배우자가 어울릴 수 있다.

식신
의식주 혜택을 누리며 예술적·창조적 직업에 두각을 나타낸다.

상관
대체로 미남미녀이며, 예술적 기술적 독창성이 뛰어나나 성격이 까다롭고 반항심도 있다.

편재
자기 노력한 만큼의 대가로 산다. 남성은 첩 같은 부인과 산다.

정재
부부가 안정되고 남성은 처덕이 있다.

편관
난관은 많으나 자부심도 강하다. 남성은 공처가 기질이 있다.

정관
건강하고 장수한다. 부부관계가 돈독하며, 조직에 잘 적응한다.

편인

　창조적 재능과 통찰력 및 영성을 필요로 하는 분야에서 능력을 발휘한다. 융통성이 없고 의존적이며, 병약하거나 알 수 없는 질병에 시달릴 수도 있다.

정인
대체적으로 미남미녀이고, 공부도 잘한다.

시주와 십신의 의미

시주는 노년기(61~80세)에 해당하며
앞 십신에 10년, 뒤 십신에 10년간 영향을 미친다.

비견
독신을 고집하거나, 결혼해도 떨어져 사는 삶이다.

겁재
겁재의 나쁜 점인 자만심과 재(財)의 고통이 완화된다.

식신
장수한다.

상관
자식이 총명하나 속을 썩인다.

편재
자수성가로 빛난다.

정재
노후가 편안하다.

편관
자식이 영특하고 총명하다.

정관
최고의 말년 운을 누린다.

편인
끼가 출중해 엔터테인먼트 방면으로 발전할 수 있다. 자식과 좋은 관계를 갖는다.

정인
남성은 자식 복이 있고, 여성은 자식 복이 없는 편이다.

사주 Tip

'미래는 없다'는 말의 속뜻

"미래는 없다"라는 말은 오늘만을 즐기고 닥치는대로 마구 살라는 뜻이 결코 아니다. 현재가 미래보다 더 중요하다는 역설적 표현이다.

미래 예측의 도구인 '사주팔자'라는 화두를 두고 "미래는 없다"고 하니 황당하게 들릴 것이다. 그러나 사주역학은 미래를 위해 있는 것이 아니고, 오늘 현재를 잘 살기 위한 도구로서의 존재 가치를 갖는다. 학교, 직장, 그리고 배우자 선택 등 오늘 현재 우리가 최선의 선택을 하는 데 필요한 것이 바로 사주역학이다.

누군가 현재의 노력 없이 '미래에 무엇을 가진다면 난 행복해질 수 있어'라고 생각한다면 이것은 착각이다. 미래는 현재를 통해서만 만들어낼 수 있기 때문이다. 그래서 만족이라는 것도 오직 현재에만 일어날 수 있다. 만약 우리가 "언젠가 미래엔 행복할 거야"라고 한다면 우리는 영원히 만족할 수 없다.

그렇다면 우리가 현재를 잘 살기 위해서는 과연 무엇이 필요할까? 가장 중요한 핵심은 자신의 절대적 가치기준을 가지는 것이다.

누군가 부자의 기준에 대해 "가진 것보다 덜 원하면 부자이고, 가진 거보다 더 원하면 가난하다"고 했다. 인간은 자신을 절대적 존재 가치로 보지 않고 상대적 가치로 보기 때문에 남과 끊임없이 비교한다. 자본주의 경쟁사회에서 경쟁자와 비교하지 않고 살아간다는 것은 불가능하다. 그럼에도 자신의 절대적 가치기준을 가질 때 비교에서 벗어날 수 있고, 현재를 잘 사는 사람이 될 수 있다.

자신의 절대적 가치 기준을 어디서 찾을 것인가? 완전하지는 않지만 자신의 사주팔자를 통해서 가능하다. 만약 팔자에 재복(財福)이 없다면 먹고 사는 데 지장이 없을 정도에서 만족할 수 있다. 그러면 돈 많은 사람을 부러워할 것도 없고, 시기할 것도 없지 않은가! 평생을 돈을 좇아 힘겹게 살았는데 나중에 늙어서 남은 것은 빚밖에 없어 그제야 나는 '재복이 없었구나.' 하고 깨닫는다면 어리석은 삶이고, 결코 행복한 삶이라고 할 수 없지 않을까?

'경영의 신'으로 불리는 마쓰시다 고노스케는 "인생의 80~90%는 운명이다. 남은 10~20%에 온 힘을 쏟아라. 운명은 언제나 사람의 의지나 힘을 뛰어넘는다. 이것이 바로 운명의 신비요 인생의 묘미다"라고 말했다. 10~20%에 얼마나 최선을 다하느냐가 운명 80~90%를 결정짓는다는 뜻이다.

자신의 재량권인 10~20%에 강한 신념을 가지고 오늘을 의연히 힘차게 걸어가자. 그러면 성공을 거두어도 우쭐하지 않고, 실패하더라도 낙담하지 않게 된다.

13장 사주의 동력(動力)

12운성

12운성(運星)이란 사람이 태어나서 생명을 다할 때까지의 생로병사(生老病死)를 12개 과정으로 나누고 각 과정의 힘의 정도, 즉 운기(運氣)를 규정해 놓은 것이다. 12개 과정은 태어나는 장생(長生), 육아의 목욕(沐浴), 성장하는 관대(冠帶), 사회 진출하는 건록(建祿), 사회활동의 정점에 놓이는 제왕(帝王), 그 다음으로 쇠(衰)하고 병(病)들고 사(死)하고 묘(墓)에 들어가고 절(絕)해 종식되며 다시 잉태(孕胎)되고 모체에서의 양(養)을 말한다.

사람마다 사주의 지지인 년지·월지·일지·시지별로 12운성이 정해져 있다. 그 정해진 12운성의 운기를 파악함으로써 인생의 동력의 정도를 가늠할 수 있는 것이다. 이를 위해 이 장에서 설명하는 년지, 월지, 일지, 시지에서 '제공받은 키워드'의 12운성을 찾으면 나의 '사주의 동력' 풀이가 가능하다.

년지와 12운성의 의미

초년기(0~20세)에 해당하는 운기

장생
조상이 부귀해 이 사람의 어린 시절은 유복하다.

목욕
조상이 주색 방탕해 이 사람의 어린 시절은 빈곤하다.

관대
조상 덕으로 유복하나 늦은 결혼이 좋다.

건록
부친의 자수성가로 어린 시절이 유복하다.

제왕
윗대가 부귀해 유복하게 성장한다.

쇠
윗내가 가난하고 보수석이며 사회석 신출이 쉽지 않다.

병
윗대가 가난하고 어린 시절 잔병이 많다.

사
윗대가 가난해 타향살이를 한다.

묘

조상의 전통을 잇는다.

절

조상 덕이 없고 독립해 산다.

태

조상의 변화로 고향을 떠나 일가를 이룬다.

양

부모와의 인연이 약하다.

월지와 12운성의 의미

청년기(21~40세)에 해당하는 운기

장생
부모덕으로 성장이 원만해 머리가 영리하고 공부를 잘한다.

목욕
부모가 비정상적 혼인관계로 가정환경이 안정치 못하다.

관대
형제가 의리가 있고 자신은 자존심이 강하며, 사회적 출세 지상주의가 되기 쉽다.

건록
부모로부터 일찍 독립해 자수성가한다. 여성은 맞벌이를 하게 된다.

제왕
부모형제와 인연이 적어 가업을 못 지키고, 타향에서 리더십을 발휘하며 자수성가한다.

쇠
부모형제 덕이 약하다. 공직이 좋다.

병
부모형제 중에 사고와 병고로 고생하는 이가 있으나 먹을 것은 풍족하다.

사
부모형제와의 인연이 적어 가족의 도움을 잘 받지 못한다.

묘
아집과 고집으로 부모형제와 연이 적으나 생활은 안정된다.

절
부모덕이 적고, 매사 손실이 있을 수 있다.

태
부모형세 인언이 적고, 청년기에 식업변농이 있다.

양
중년 이후 호색하고 재난을 조심할 필요가 있다.

일지와 12운성의 의미

장년기(41~60세)에 해당하는 운기

장생
좋은 배우자를 두고 자수성가하는 사람이다.

목욕
부부인연이 적고, 이성관계를 조심할 필요가 있다.

관대
준재(俊才)로 공명을 누리나 부부의 인연은 적을 수 있다. 노후는 행복하다.

건록
독립심이 강하고 건전한 사고방식으로 사회활동은 성공적이다. 하지만 부부 간에는 애정문제로 애로가 있을 수 있다.

제왕
아집으로 부모 및 배우자와의 인연에 애로가 있다.

쇠
강한 경제관념과 차분한 성격으로 여성이면 전형적인 현모양처이다.

병
영리하나, 어릴 때 병약하다.

사
큰 병으로 고생하나 영리하고 박학다식하다.

묘
고집이 세고 극단적이다. 배우자와의 인연이 적어 주말 부부나 기러기 부부처럼 떨어져 살지만 근면 성실하다.

절
주관이 없고, 배우자와의 인연이 적다.

태
어릴 때 허약하고 배우자에 의존심이 강하다. 여성은 시어머니와 갈등이 있을 수 있다.

양
부모와의 인연이 적어 분가해 멀리에서 산다. 여성은 행복하다.

시지와 12운성의 의미

노년기(61~80세)에 해당하는 운기

장생
좋은 자식을 두고 노후에 안락하고 장수한다.

목욕
자식과의 인연이 적고 종교에 귀의하는 등 말년이 고독하다.

관대
자식이 영달해 노년이 행복하다.

건록
자식이 발전하며 노년이 행복하다.

제왕
학문으로 명성을 날리고 자식이 발전한다.

쇠
자식에 애로가 있고, 만년에 고독할 수 있다.

병
자식이 병약하고, 자신은 지병으로 노후에 고생할 수 있다.

사
자식과의 인연이 적고, 문학 등에 몰두한다.

묘

신체가 허약하다. 자식 걱정이 많아 자식과는 떨어져 사는 게 좋다.

절

자식과의 인연이 적어 노년이 불안정하다.

태

자식이 연약해 가업을 못 잇는다.

양

노년에 자녀 효도를 받아 평안하다.

사주 위치에 따른 12운성의 의미

구분	년지	월지	일지	시지
장생 (長生)	조상 부귀. 어린 시절 행복	부모 부귀. 영리하고 공부 잘함	좋은 배우자. 자수성가	귀자. 만년 안락. 장수
목욕 (沐浴)	윗대 주색방탕. 빈곤	부모 비정상적. 가정환경 불미	부부 인연 적음. 이성관계 조심	자식과의 인연 적음. 노년 고독

관대 (冠帶)	조상 유복. 늦은 결혼이 좋음	사회적으로 출세. 형제 의리/자 존심 강함	준재(俊才). 부부인연 적음. 노후는 행복	자식 영달하고, 그 덕 받음
건록 (建祿)	부친은 자수성가. 어린 시절 유복	일찍 독립해 자수성가. 여성은 맞벌이	독립심. 성공적인 사회활동을 함. 애정문제 애로	자식 발전. 노년 행복
제왕 (帝王)	자비심. 윗대 부귀	가업 못 지킴. 타향에서 자수성가함	부모·배우자와 인연 적음	학문 명성. 자식 발전
쇠(衰)	윗대 가난. 보수적. 사회적 진출이 어려움	부모형제 덕 약함. 금전상 손해. 공직 좋음	강한 경제관념. 차분한 성격. 여성은 현모양처	자식에 애로. 노년에 고독
병(病)	윗대 가난. 어린 시절 잔병	부모 형제 중 병고로 고생. 먹을 것 풍족	영리하나 어릴 때 병약	자식이 병약. 자신은 노후 고생
사(死)	윗대 가난. 타향살이	부모형제와의 인연이 적어 가족의 도움을 받지 못함	큰 병 고생. 영리하고 박학다식	자식 인연 적음. 문학 등에 몰두
묘(墓)	조상 전통 이음	부모형제 연 적음. 아집과 고집. 안정된 생활	배우자와의 인연이 적음. 근면성실	신체 허약. 자식과 떨어져 사는 게 좋음
절(絶)	조업 파함. 타향살이. 부모 덕 없음	부모 무덕. 매사 손실	타향살이. 색을 탐닉. 배우자 인연 적음	자식 인연 적음. 노년 불안정
태(胎)	윗대 변화로 고향 떠나서 일가를 이룸	부모형제와의 인연이 적음. 청년기에 직업 변동	배우자에 의존적. 여성은 시어머니와 갈등	자식 연약. 가업 못 이음
양(養)	부모와의 인연이 약함	중년 이후 호색 재난 조심	부모와의 인연 적음. 분가해 멀리 거주. 여성은 행복	노년에 자녀 효도를 받음

14장 인간관계와 동력

십신과 12운성

인간관계를 함축하고 있는 십신과, 생로병사의 동력을 나타내고 있는 12운성과의 상관관계를 통해 한 사람의 운명을 상당히 구체적으로 밝혀낼 수 있다.

명식에는 사주의 지지별 십신과 대응되는 12운성이 제시된다. 오른쪽 페이지 십신과 12운성 키워드 '예'에서 보는 것과 같이 년지에 정인과 관대, 월지에 비견과 건록, 일지에 편재와 쇠, 시지에 정재와 묘가 각각 짝지어진 운명을 지닌 사람이라면 먼저 년지의 정인과 관대를 찾기 위해서 다음의 설명 중에서 '편인 / 정인과 12운성의 의미'의 정인과 관대에 대한 내용을 보면 된다.

다른 월지, 일지, 시지의 십신과 12운성에 대한 찾는 방법도 동일하다.

자신의 인간관계와 동력에 관한 내용을 찾다보면 발생하는 시기와 동떨어진 내용이 있을 수 있다. '예'의 키워드가 여성이라면 20살까지 결혼도 하지 않았는데 '자식걱정이 있다'는 내용이 나왔다면 당연히 제외해야 한다.

십신과 12운성 키워드 '예'

장	구분			'키워드' 예	'결과' 예
14	인간관계와 동력	십신과 12운성	년지(초년)	정인과 관대	• 기예에 소질이 있음 • 여성은 자식 걱정이 있음
			월지(청년)	비견과 건록	형제자매와 친구의 발전으로 배경이 좋아짐
			일지(장년)	편재와 쇠	재물이 흩어져 가업이 쇠퇴함
			시지(노년)	정재와 묘	재산을 모으기만 하고 쓸 줄 모름

비견 / 겁재와 12운성의 의미

비견과 목욕 / 겁재와 목욕

형제자매가 주색에 탐닉해 근심이 생긴다.

비견과 관대 / 겁재와 관대

형제자매와 친구의 발전으로 주변환경이 좋아지고, 청년기에 여유 있는 삶을 살게 된다.

비견과 건록 / 겁재와 건록

형제자매와 친구의 발전으로 주변환경이 좋아진다.

비견과 제왕 / 겁재와 제왕
자만심이 지나쳐 남을 상하게 하고, 자신마저 상하게 한다.

비견과 쇠 / 겁재와 쇠
형제자매가 쇠퇴하고 후원 세력이 밀려나게 된다.

비견과 병 / 겁재와 병
형제자매가 질병에 시달린다.

비견과 사 / 겁재와 사
형제자매가 지지부진하게 된다.

비견과 묘 / 겁재와 묘
형제자매가 편안해진다.

비견과 절 / 겁재와 절
형제자매의 덕이 적다.

비견과 태 / 겁재와 태

형제자매와 친구로 인해 발전한다.

비견과 양 / 겁재와 양

형제자매가 온순하고 선량하다. 이복형제도 있을 수 있다.

비견 / 겁재와 12운성

구분	비견 / 겁재
장생(長生)	-
목욕(沐浴)	형제자매가 주색 탐닉
관대(冠帶)	형제자매와 친구의 발전으로 주변환경 좋아짐, 청년기에 여유 있는 삶
건록(建祿)	형제지매외 친구의 빌진
제왕(帝王)	자만심이 너무 지나쳐 자신이 상하거나, 남을 상하게 함
쇠(衰)	형제자매가 쇠퇴해 후원 세력이 밀려남
병(病)	형제자매 질병
사(死)	형제자매 지지부진
묘(墓)	형제자매 편안
절(絶)	형제자매 무덕
태(胎)	형제자매와 동료로 인해 발전
양(養)	형제자매가 온순하고 선량함. 이복형제도 있음

식신 / 상관과 12운성의 의미

식신과 장생 / 상관과 장생
의식주가 풍족하고, 가업이 융성하며, 남성은 처의 덕이 있다.

식신과 목욕 / 상관과 목욕
연예계통에 소질이 있다.

식신과 관대
남성은 사업과 승진이 평탄하고, 여성은 자녀가 발달한다.

상관과 관대
남성은 직장생활에 애로가 있고, 여성은 남편과 갈등이 있을 수 있다.

식신과 건록 / 상관과 건록
의식주가 풍족하고, 직장생활에 발전이 있다.

식신과 제왕
의약과 식료품 분야에서 성공할 수 있다.

상관과 제왕
자만심이 지나쳐 남을 상하게 하고, 자신마저 상하게 한다.

식신과 쇠 / 상관과 쇠
활동력과 사고력이 떨어진다.

식신과 병 / 상관과 병
소화기계통의 질병에 취약하다.

식신과 사 / 상관과 사
의식주가 곤란할 수 있다.

식신과 묘
재물을 잘 모은다.

상관과 묘
기예로 명성을 얻을 수 있다.

식신과 절 / 상관과 절
의식주가 곤란하고 활동력이 낮으며, 여성은 자식문제로 애로가 있다.

식신과 태 / 상관과 태
의식주가 향상되고, 여성은 원하던 임신 등 행운을 얻는다.

식신과 양
의식주에 관한 가축 등 사육과 식료품 등의 재배로 성공한다.

상관과 양

조모에 의해 양육되는 등 부모 덕이 부족하다.

식신 / 상관과 12운성

구분	식신 / 상관
장생(長生)	의식주 혜택. 가업 융성. 처 덕
목욕(沐浴)	잘되면 연예인, 못되면 화류계
관대(冠帶)	• 식신 : 남성은 사업과 승진 평탄. 여성은 자녀 발달 • 상관 : 남성은 직장 애로, 여성은 남편과 갈등
건록(建祿)	의식주 풍족하고, 직장생활 발전
제왕(帝王)	• 식신 : 의약, 식료품 성공 • 상관 : 자만심이 지나쳐 남을 상하게 하고, 자신마저 상하게 함
쇠(衰)	활동력과 사고력이 떨어짐
병(病)	소화기계통 질병에 취약
사(死)	의식주 곤란
묘(墓)	• 식신 : 재물을 잘 모음 • 상관 : 기예로 명성을 얻음
절(絶)	의식주 곤란. 활동력 낮음. 여성은 자식문제로 애로
태(胎)	의식주 향상. 여성은 임신 등 행운 얻음
양(養)	• 식신 : 의식주에 관한 사육과 식료품 등의 재배로 성공 • 상관 : 조모에게 양육. 부모 덕 부족

편재 / 정재와 12운성의 의미

편재와 장생 / 정재와 장생
비전만경(肥田萬頃)으로 표현될 만큼 부자가 될 운이다.

편재와 목욕 / 정재와 목욕
돈을 버는 것보다 탕진할 위험이 크다.

편재와 관대 / 정재와 관대
재물은 풍족하나 남성의 경우 처가 경제권을 갖는다.

편재와 건록 / 정재와 건록
재물이 풍족하고 직장생활이 발전한다.

편재와 제왕 / 정재와 제왕
다 모은 재물이 나가기 쉽다.

편재와 쇠 / 정재와 쇠
재물이 흩어지고 가업이 쇠퇴한다.

편재와 병 / 정재와 병
재물은 흩어지기 쉽고, 남성의 경우 처가 질병에 시달린다.

편재와 사 / 정재와 사
가산이 기울어 경제적으로 어려워진다.

편재와 묘 / 정재와 묘
재산을 모으기만 하고 쓸 줄은 모른다.

편재와 절 / 정재와 절
재물이 줄고, 남성은 처로 인해 애로가 따른다.

편재와 태 / 정재와 태
재산이 늘고, 남성의 경우 처의 임신이 용이하다.

편재와 양 / 정재와 양
재물 운이 점차 좋아진다.

편재 / 정재와 12운성

구분	편재 / 정재
장생(長生)	큰 부자가 될 운
목욕(沐浴)	돈을 버는 것보다 탕진 위험
관대(冠帶)	재물 풍족하나 남성은 처가 경제권 잡음
건록(建祿)	재물 풍족하고 직장생활 발전
제왕(帝王)	다 모은 재물이 나가기 쉬움
쇠(衰)	재물 흩어져 가업 쇠퇴
병(病)	재물 흩어지고, 남성은 처 질병
사(死)	가산 기울어 재물 어려움
묘(墓)	재산을 모으기만 하고 쓸 줄 모름
절(絶)	재물 줄고, 남성은 처에 애로
태(胎)	재산 늘고, 남성은 처가 임신 용이
양(養)	재물 운이 점차 좋아짐

편관 / 정관과 12운성의 의미

편관과 장생 / 정관과 장생
직위가 높다. 남성은 자식이 좋고, 여성은 남편이 좋다.

편관과 목욕 / 정관과 목욕
직업이 지속되는 것이 곤란하다. 남성은 자식이 문란하고, 여성은 남편이 문란할 수 있다.

편관과 관대 / 정관과 관대
시험 운과 승진 운이 좋다.

편관과 건록 / 정관과 건록
직장에서 간부급까지 발전한다.

편관과 제왕 / 정관과 제왕
권위 있는 직업에 종사한다.

편관과 쇠 / 정관과 쇠
직위가 높지 않고, 자식이 연약하다.

편관과 병 / 정관과 병
식위가 높지 않고, 자식의 잔병으로 걱정이 많다.

편관과 사 / 정관과 사
직위가 높지 않고, 여성은 남편과 애로가 있을 수 있다.

편관과 묘 / 정관과 묘
직위의 상승 및 재복을 기대하기 곤란하다. 종교인 또는 철학인으로 살기도 한다.

편관과 절 / 정관과 절

직위도 높지 않고 명예도 어렵다. 남성은 자식 복이 적고, 여성은 남편 복이 적다.

편관과 태 / 정관과 태

직무상 발전이 있다.

편관과 양 / 정관과 양

보통의 지위를 가진다.

편관 / 정관과 12운성

구분	편관 / 정관
장생(長生)	직책 높음. 남성은 자식 좋고, 여성은 남편 좋음
목욕(沐浴)	직업 지속 곤란. 남성은 자식이, 여성은 남편이 문란함
관대(冠帶)	시험 운과 승진 운이 좋음
건록(建祿)	직장에서 간부급까지 발전함
제왕(帝王)	권위 있는 직업에 종사함
쇠(衰)	직위 높지 않음. 자식이 유약함
병(病)	직위 높지 않음. 자식 잔병으로 걱정
사(死)	직위 높지 않음. 여성은 남편과 애로
묘(墓)	직위와 재복의 기대 곤란. 종교인, 철학인으로 살기도 함
절(絶)	직위도 높지 않고, 명예도 어려움 남성은 자식 복이 적고, 여성은 남편 복이 적음
태(胎)	직무상 발전
양(養)	지위는 보통

편인 / 정인과 12운성의 의미

편인과 장생
전문 분야의 인기인이 된다.

정인과 장생
문장에 조예가 깊다.

편인과 목욕 / 정인과 목욕
어머니가 가정을 등한시한다.

편인과 관대 / 정인과 관대

기예에 소질이 있다. 여성은 자식걱정이 있다.

편인과 건록 / 정인과 건록

부모덕이 좋고, 학문으로 이름을 얻는다.

편인과 제왕

담대하고 배짱이 두둑하며, 자수성가한다.

정인과 제왕

양 부모 밑에서 부귀하고, 지도자의 길을 걷게 된다.

편인과 쇠 / 정인과 쇠

어머니와 일찍 이별하고, 자력으로 삶을 영위하며 고독하다.

편인과 병 / 정인과 병

부모와 일찍 이별해 부모덕이 적다.

편인과 사 / 정인과 사
부모덕은 물론 타고난 복이 부족하고, 건강에 애로가 있다.

편인과 묘 / 정인과 묘
조상의 정기를 받고, 상사로부터 혜택을 받는다.

편인과 절 / 정인과 절
부모덕이 적다.

편인과 태 / 정인과 태
연구에 정진하며 학문에 발전이 있다.

편인과 양 / 정인과 양
이복형제와 계모가 있을 수 있다.

편인 / 정인과 12운성

구분	편인 / 정인
장생(長生)	• 편인 : 전문 분야의 인기인 • 정인 : 문장에 조예가 깊음
목욕(沐浴)	어머니가 가정을 등한시함
관대(冠帶)	기예에 소질 있음. 여성은 자식 걱정
건록(建祿)	부모 덕이 좋음. 학문에 이름을 얻음
제왕(帝王)	• 편인 : 담대하고 배짱 두둑. 자수성가 • 정인 : 양 부모 밑에서 부귀. 지도자의 길 걷게 됨
쇠(衰)	모친과 일찍 이별. 자력으로 삶 영위. 고독
병(病)	부모와 일찍 이별. 부모 덕 적음
사(死)	부모 덕과 복 부족. 건강 애로
묘(墓)	조상의 정기를 받고, 상사로부터 혜택 받음
절(絶)	부모 덕 적음
태(胎)	연구 정진. 학문 발전
양(養)	이복형제나 계모가 있을 수 있음

15장 삶의 자극제

신살(神殺)

신살은 길신을 신(神)이라 하고, 흉신을 살(殺)이라 해 이를 묶어 신살이라 한다. 신살은 천간 신살, 지지 신살, 기타 신살로 구분된다.

신살의 숫자는 오랜 기간 누적되어 150여 가지에 이른다. 악한 짓은 삼가고 착하게 살면 복을 받게 된다는 권선징악(勸善懲惡)의 의미를 갖고 있는 삶의 자극제라 할 수 있다.

신살이 작용하는 시기는 년주에 있는 신살이라면 20살까지인 초년기, 월주라면 21살부터 40살까지의 청년기, 일주라면 41살부터 60살까지의 장년기, 시주라면 61살부터 80살까지의 노년기에 발생한다.

신살은 사주를 풀이하는 데 있어 참고하는 정도로만 이용해야 한다. 사주 풀이에 비중을 둘 내용은 아니다. 왜냐하면 신살은 인과(因果)관계에 따른 논리성이 부족하고, 전근대적 상황에 따른 고답적인 내용이 많을 뿐만 아니라 대부분 한 사람이 감당할 수 없을 정도로 흉살이 중첩하는 등 현실성이 턱없이 부족하기 때문이다.

천간 신살

천간 신살은 일간과 지지와의 관계로 설정된 신살이다. 대부분 길신이며 삶에 긍정적 자극제로 작용한다.

천을(天乙)

인격이 뛰어나며 총명하고 지혜롭다. 일체의 흉살이 피해 숨는다는 최고의 길신이다.

복성(福星)

주위의 존경을 받고 윗사람으로부터 후원을 받는 등 타고난 복이 많아 어려움을 당하지 않는다.

천관(天官)

타고난 복이 많아 출세가 빠르고 기쁜 일이 잦다.

천주(天廚)

수복(壽福)의 신으로 식신과 유사하며 의식주가 풍부하다.

태극(太極)

시작(알파)과 끝(오메가)을 뜻하는 창조의 의미를 내포하는 창조신이라 입신양명(立身揚名)한다. 선천적 복이 많고 주위의 후원이 있다.

관록(官祿)

국록을 받는 공무원의 명으로 출세가 빠르다.

금여록(金輿祿)

금여(金輿)는 귀족이나 왕족이 타는 금으로 치장한 가마이다. 부와 귀를 동시에 누리는 길신이다. 성품이 온후 유순하고, 주위의 도움을 받으며, 배우자 덕과 자식 덕이 있다.

협록(夾祿)

재복을 타고난 명으로 부자가 될 수 있는 길신이다. 따라서 복권에 당첨될 가능성이 높다.

암록(暗祿)

보이지 않는 도움을 받는 길신으로 무인도에서도 살아남을 만큼 보이지 않는 덕이 많다. 암록이 있으면 그 사주에 플러스 알파 요인이 된다.

문창(文昌)

인격이 높고 지혜가 있고 총명하며, 학문과 예술로 명예를 얻는 길신이다. 문창성이 있으면 공부를 잘한다.

학당(學堂)

총명하고 교육계로 진출하는 길신이다.

절도(節度)

매사에 의리가 있고 스스로 분수를 지키며 조화가 잘되어 원만한 협조를 할 수 있는 선천적인 복록을 갖는 길신이다. 투쟁을 원하지 않아 자연히 인망을 모으는 덕이 있다. 흉명이라도 흉은 흩어지고 안전을 얻을 수 있다.

양인(羊刃)

칼처럼 성질이 날카롭고 폭력적이라서 분수를 지키는 것이 필요하다. 의사 등 전문직에 인연한다.

비인(飛刃)

칼을 막는 칼로 기술 방면의 전문직이 좋다. 용두사미 격인 끈기 없는 성격은 보완이 필요하다.

홍염(紅艶)

남녀 불문하고 허영심이 많고 사치하며 외정(外情)을 좋아해 망신을 당할 수 있는 흉신이다. 끼와 사교성이 있어 부정적 요인을 제어한다면 연예인에게는 필요한 자질이기도 하다.

낙정관(落井關)

우물에 빠진다는 살로 물에 빠지거나 계략에 의한 함정에 빠질 수 있다.

지지 신살

지지 신살은 년지와 12지지와의 관계를 논한 신살로 12가지가 있다. 장성, 반안, 역마는 길신이다. 나머지는 흉살로 본다.

장성(將星)

권위와 권력의 길신으로 군이나 관으로 진출 시 성공 가능성이 높다. 자존심이 강하고 충실하나 고집이 세다.

반안(攀鞍)

말안장을 얻어 누리므로 윗사람의 도움을 받는 길신이다. 허세를 부리고, 사치를 좋아한다.

역마(驛馬)

　분주다사하고 재물에 이로운 길신으로 임기응변에 능하고 명성과 신망을 얻는다. 직업의 변동으로 이사·이동·여행·이민 등의 일이 생긴다. 무역·관광·운수·신문·방송·우편통신·전화·출판·광고 등의 업종이 좋다. 여성이 역마살이 있으면 국제결혼을 할 가능성이 있다.

도화(桃花)

　환락·풍류·음란의 흉살이다. 용모가 대체로 수려하며 사교적이라 다정다감하고 인정도 있고 애교가 있다. 연애결혼을 하고, 결혼 후에는 이성 문제로 이혼이 많다. 매력이 있고 호감을 얻으므로 연예계에 종사하면 대성할 수 있는 현대에서는 길신이라고 할 수 있다.

겁살(劫殺)

　소중한 재산이나 건강을 남에게 빼앗기고 재난과 사고가 생기는 흉살이다. 도난, 소매치기 등 손재와 실패 및 파산 등을 암시한다.

재살(災殺)

급성 질환과 교통사고 등 재난을 당한다는 흉살이다. 감옥 가는 수옥(囚獄)살, 피를 본다는 백호(白虎)살이라고도 한다.

천살(天殺)

수해·가뭄·폭풍·벼락 등 천재지변의 피해를 보는 흉살이다. 내부는 문제가 없으나 외부의 영향으로 피해를 보는 것을 의미한다.

지살(地殺)

이사, 외국여행, 이민을 포함하는 이동수와 타향을 전전한다는 흉살이다. 역마와 비슷하나 지살은 흉살이고, 역마는 길신이다.

월살(月殺)

여러가지 장애로 매사가 답답하게 되는 흉살이다. 신체적 발육이 부진해 성생활을 기피하는 섹스리스 또는 소아마비가 될 수도 있다. 사업이 부진하고, 개종과 소송 등이 발생한다.

망신(亡身)

명예손상, 구설, 재산상의 손실과 구속 등의 흉살이다. 노상망신은 자동차 사고를 말한다. 처녀는 시집을 간다.

육액(六厄)

육해(六害)라고도 하며, 인덕이 없고 어려운 일을 만나는 흉살이다.

화개(華蓋)

고독하고 사색과 명상의 살이다. 예술과 종교의 길신이자 흉살로 모든 기운이 창고에 저장된 의미인데 박학다식하나 가두어놓아 쓰지 못하는 아쉬움이 있다. 학문과 기예에 소질이 있다. 여성은 고독하고, 색정이 강하다.

기타 신살

천간 신살과 지지 신살을 제외한 신살을 기타 신살이라고 한다. 기타 신살은 100여 가지가 있으나 대표적인 몇 가지를 제시하면 다음과 같다.

천덕(天德) / 월덕(月德) / 천월이덕(天月二德)
하늘의 은총을 받는 복으로 길은 더 길이 되고 흉은 해소되는 길신이다. 천덕과 월덕이 동시에 되면 천월이덕이라 해 명예가 무탈하게 오래도록 지속되는 행운을 가져다준다.

월공(月쫀)

'하늘에 뜬 달'의 뜻으로 무대에 서는 기운이다. 남 앞에 서는 직업이 각광을 받는 현대의 길신이다. 명예와 인기를 얻을 수도 있으나 건강과 금전상의 손실 가능성도 동시에 존재한다.

천의성(天醫星)

인명을 구하는 의사·간호사·약사·종교인·역술인 등 활인(活人)업에 종사하는 길신이다. 여성은 유흥업에도 종사한다.

금신(金神)

백절불굴로 초지일관 목적을 성취한다.

삼기(三奇)

인격자로 박학하고 특이한 재능을 지니는 아주 좋은 사주이다.

급각(急脚)

소아마비, 다리골절과 치통 및 신경계통 질환, 낙상 등의 흉살이다.

귀문관(鬼門關)

살짝 정신이 나간 상태 즉 치매 초기 증상을 말한다. 우울증, 신경쇠약, 정신이상, 변태적인 성품의 흉살이다.

괴강(魁罡)

성격이 과단성과 통솔력이 있고 시비가 분명하다. 결벽증이 있고 토론을 좋아한다. 총명하고 문장력이 있다.

현침(懸針)

성격이 예리하고 모질다. 의약·침술·역술·기술 등의 종사자에게 많다.

평두(平頭)

이성의 인연이 희박하고 종교에 독실하다. 남녀 모두 혼담에 걸림돌이 있어서 어쩌다 결혼을 해도 파혼하기 쉬우며 올바른 가정생활이 힘들다. 대부분 성직자 등 종교계에 종사한다.

효신(梟神)

어려서 어머니와 생사별을 하거나 고독한 명이다.

백호(白虎)

재난·사고·흉사의 흉살이나 권세를 얻을 수도 있다.

천라지망(天羅地網)

감금과 구속의 흉신이다. 특히 남성은 매사가 여의치 못하며, 여성은 남편과의 인연은 물론 자식과의 인연도 희박하다. 의사·간호사·약사·종교인·역술인·법관·경찰 등 활인(活人)업이 많다.

원진(元辰)

인간관계에서 서로 싫어하고 원망하며 미워하는 것으로 자기중심적이고 모든 일에 횡포함이 있다. 원진은 이유 없이 남을 비방하고, 남 탓을 하는 등 책임을 전가하고, 부정적 사고의 소유자로 주위 사람들과 불화하기 쉽다. 원진이면 성감을 못 느끼고, 독신을 고집하는 등 궁합에서 꺼리는 것의 하나이다.

삼재(三災)

삼재는 건강과 명예와 재물에 대한 재난을 겪게 된다는 것으로 누구나 12년을 주기로 3년간 이어진다. 삼재의 첫해는 뭐가 뭔지 못 느끼다가 둘째 해에 무슨 일이 일어나고 셋째 해에 재난을 실제로 겪게 되어 제일 안 좋다.

'기본 사주풀이' 결과 예시

1부에서의 15가지 '기본 사주풀이' 결과다. 2부에서 논의할 '생활 사주풀이'의 기초가 되기도 한다. 따라서 '비고'란을 추가하고, 부모 복·공부 복·직업 복·재물 복·출세 복·배우자 복·노후 및 자식 복·건강 복에 관한 8가지 사항을 표시해두면 2부 풀이를 제대로 할 수 있다.

장	구분		결과	비고
1	개관	음양 음	• 소극적이면서 매사에 침착하고 내부적 안전을 추구하며, 내향성 • 실리를 중시하고 과업지향적이라 냉정하며 가능한 많은 정보를 얻은 후에 혼자서 의사결정을 하는 독재적 리더십 스타일	
2		나의 오행 목	• 매사 희망적 • 인간의 5가지 성정 중 인(仁) • 원만한 성격으로 어질고 강직해 교육자가 제격	직업
3		나의 천간 을	• 적응력도 있으면서 욕심도 많음 • 주변의 눈치를 살피는 편임 • 머리가 영리하고 고집이 있으며 자존심이 강함	공부
4		나의 일주 을축	• 약하고 외롭기 쉬우며 따뜻한 봄에 태어나면 귀격임 • 평생 먹고사는 데는 문제가 없는 명식	재물
5	성격	자기중심성 균형, 목	• 균형된 일간으로 자신감, 추진력, 리더십이 있고 의지의 사람으로서 타인의 인정을 구하지 않음. 지나침도 없고 부족함도 없는 중용의 성정을 가짐. 다정다감하며 타인을 신뢰하고 경우가 바름 • 목이라 성격이 원만하고 타인에 대한 이해심과 측은심이 깊으며 권선징악의 가치관을 가짐	

6	특성	내격 비견격	• 그릇이 크고 리더십이 있음 • 자존심과 자신감 및 자립심이 강함 • 경쟁심도 있으면서 새로운 일에 대한 의욕이 강한 의지의 사람 • 고집이 있고 비타협적이며 시시비비 가리기를 좋아하는 면이 있어 이를 제어할 필요가 있음 • 재복은 없는 편	재물
		외격 건록격	• 건강하고 장수 • 재물은 잘 모아지지 않음 • 공직자나 봉급생활자의 직업이 좋음 • 고향을 떠나 자수성가해 출세	건강, 직업, 부모
7	취약성	태과 목 비견	• 유연성이 지나쳐서 정신력이 허약해질 수 있음 • 토가 약해지므로 부자되기 어려움 • 토 성질인 비위(脾胃)가 약함	건강
			• 승부욕과 고집이 셈 • 안하무인격 • 처와 자식에 풍파가 많음	배우 자 자식
8		불급 수 인성	• 마음의 갈증을 많이 느낌 • 융통성(응용력)이 부족 • 해외 발복으로 유학과 해외여행이 좋음 • 신장과 방광이 약하고 당뇨가 오기 쉬움	공부, 건강
			• 학문에 집착하고, 남 간섭을 싫어함 • 행동의 제어가 약하고 즉흥적	
9		공망 술해 정재, 정인	• 리더로 대장노릇함 • 역학과 한의사 등을 추구	직업
			• 재물로 인한 어려움이 많음 • 행운에서 재운이 와도 발복이 잘 안됨 • 처 복이 약하거나 처를 상하게 할 수 있음	재물, 배우 자
			• 어머니와의 인연이 적음 • 인격이 떨어지고 도의에 어긋난 짓도 함 • 부부 해로가 어려울 수 있음	배우 자
10	사주의 변화	합 병신 묘술 해묘미	점잖고 엄숙하며 위세가 당당하나 변덕, 잔인, 색정이 있음	
			• 봄 처녀(20대)와 가을 남자(60대)의 만남 • 지혜롭고 총명하며 문예에 강함	
			• 가족 간에 화목하고, 용모가 수려하며 총명하고 정직함. 원만한 인격자 • 목(木)과 관련된 영농·종묘·원예·목장·섬유·펄프·건축자재·토목건축·가구 등의 직업이 좋음	직업
11		충 을신 묘유	파란·이동·동요가 있고 특히 건강에 유의해야 함	
			• 신변의 이동이 많고, 심신의 동요가 많음 • 근심걱정이 많고, 부부 및 가족 간에 불화 • 병마에 시달리고, 간과 폐계통의 질병을 조심	건강

12	인간 관계	사주와 십신 편인 비견 편관 비견 편재 상관 정재	• 종교나 영성에 관심이 많음 • 부모와 다른 삶을 살게 됨	
			• 담백하고 성실해 자수성가하나 인생 후반에 발복 • 파란과 굴곡이 있는 편	노후
			• 자기 노력한 만큼의 대가로 살게 됨 • 남성은 첩 같은 부인	배우자
			• 자식이 총명하나 속을 썩임 • 노후가 편안	노후
13	나의 동력	사주와 12운성 건록, 건록 쇠, 묘	부친은 자수성가하고, 어린 시절 유복함	
			일찍 독립해 자수성가	부모
			강한 경제관념, 차분한 성격	재물
			신체 허약. 자식 걱정이 많아 자식과 떨어져 사는 게 좋음	자식
14	인간관계와 동력	십신과 12운성 비견과 건록 편재와 쇠 정재와 묘	형제, 친구로 주변환경 발전	
			재물 흩어져 가업 쇠퇴	재물
			재산을 모으기만 하고 쓸 줄 모름	
15	삶의 자극제	신살	천간 관록 복성 암록 비인	(초년) 국록을 받는 공무원의 명으로 출세가 빠름	직업
				(장년) 주위의 존경을 받고 윗사람으로부터 후원을 받는 등 타고난 복이 많아 어려움을 당하지 않음	
				(노년) 보이지 않는 도움을 받는 길신으로 무인도에서도 살아남을 만큼 보이지 않는 덕이 많음. 암록이 있으면 그 사주에 플러스 알파 요인 (노년) 룽누사비역인 쓰기 없는 성격은 보완 필요함	
			지지 장성 월살 천살	(청년) 권위와 권력의 길신으로 군이나 관으로 진출 시에 성공 가능성이 높으나 자존심이 강하고 고집이 셈	직업
				(장년) 여러 가지 장애로 매사가 답답하게 되는 흉살 • 신체적 발육이 부진해 소아마비 가능성이 있음 • 사업이 부진하고 개종과 소송 등이 발생	배우자
				(노년) 수해·가뭄·폭풍·벼락 등 천재지변의 피해를 보기 쉬움	
			기타 평두	(노년) 이성과의 인연이 희박하고 종교에 독실	배우자

운명에 끌려가는 인생이 아닌 운명을 끌고 가는 삶을
살기 위해서는 자신을 제대로 알 필요가 있다.
자신을 알고 인생을 설계하는 삶은 지혜롭다.

2부

생활 사주풀이, 스스로 보기

부모 복

공부 복

직업 복

재물 복

출세 복

배우자 복

노후 및 자식 복

건강 복

복을 부르는 습관인 생활 복

미래 복

삶을 통해 추구하는 목적은 행복이다. 2부는 부모 복, 공부 복, 직업 복, 재물 복, 출세 복, 배우자 복, 노후 및 자식 복, 건강 복, 복을 부르는 습관인 생활 복, 그리고 미래 복 등 10가지의 행복에 관한 '생활 사주풀이' 내용이다. 그 답은 1부 '기본 사주풀이, 스스로 보기'의 결과에도 포함되어 있으나 2부에서는 이런 복들의 여부와 정도를 추가적으로 알아보고자 한다.

생활 사주풀이를 위해 제공받은 10가지 요소에 대한 키워드를 가지고 다음의 양식을 사용해 사주풀이를 '스스로' 해보자.

'생활 사주풀이' 양식

장	구분		키워드	결과
1	부모 복	기본 사주풀이		
		년주		
		월주		
2	공부 복	기본 사주풀이		
		총명성		
		공부의욕		
		전공		
3	직업 복	기본 사주풀이		
		잘하는 직업		
		하고 싶은 직업		
4	재물 복	기본 사주풀이		
		12운성		
5	출세 복	기본 사주풀이		
		12운성		
6	배우자 복	기본 사주풀이		
		일지 십신		
7	노후 및 자식 복	기본 사주풀이		
		시주 십신		
8	건강 복	기본 사주풀이		
		태과, 불급		
9	생활 복	용신 오행		
10	미래 복	대운		
		세운		

1장

부모 복

누구는 지체 높은 집 아들로 태어나 귀하게 자라면서 공부하고, 누구는 부모 복이 없어 갖은 고생으로 돈을 벌면서 공부해야 하는가! 부모 복을 알기 위해서는 다음의 2가지 작업을 통해 종합하면 된다.

첫째, 1부 '기본 사주풀이' 결과에서 부모에 관한 사항을 확인해 발췌한다. '예'의 '기본 사주풀이' 결과에서 부모 복에 관해 염출한 내용을 보면 6장 '외격'에서 '고향을 떠나 자수성가한다'와, 13장 '사주와 12운성'에서 '일찍 독립해 자수성가한다'는 것이다.

둘째, 주어진 부모 복에 관한 년주와 월주의 십신인 키워드로 이 장에서 제시한 '년주를 통한 부모 복'과 '월주를 통한 부모 복'에서 해당하는 십신의 내용을 선택하는 것이다. 년주(年柱)로는 조상, 월주(月柱)로는 부모를 알 수 있기 때문이다.

년주를 통한 부모 복

 년주에 위치한 년간과 년지의 두 개의 십신을 분석함으로써 사주 당사자가 출생해서 20세가 될 때까지 초년기의 성장 과정이 조상과 가문의 덕이 있어 유복했느냐 아니면 고생의 시절을 보냈는가를 알 수 있다. 년간과 년지가 같은 십신일 경우 내용이 반복되어 그 의미는 강조될 수 있다.

비견
조상 덕이 없어 어려서 생가를 떠난다.

겁재

조상의 덕이 없고, 상속이 있어도 지니지를 못한다.

식신

조상의 덕이 있어 어린 시절이 유복하다.

상관

가업이 쇠퇴해 잇지를 못한다.

편재

조상의 상업 덕으로 어린 시절은 유복하다.

정재

조상 덕으로 부자 집 태생이다.

편관

조상 덕이 없어 가난한 집안 출신이다.

정관
조상 덕으로 명문가 태생이다.

편인
조상 덕이 없어 어려서 타향 또는 외국 생활을 하게 된다.

정인
권세 있는 집 출신으로 어린 시절 부귀를 누린다.

년주를 통한 부모 복

비견	조상 덕 없고, 생가를 떠남
겁재	조상 덕 없고, 상속 있어도 지니지 못함
식신	조상 덕으로 유복
상관	가업을 잇지 못함
편재	조상의 상업 덕으로 유복
정재	조상 덕으로 부자 집 태생
편관	조상 덕이 없어 빈한한 집안 출신
정관	조상 덕으로 명문가 태생
편인	조상 덕이 없어 타향이나 외국에서 생활하게 됨
정인	권세 있는 집 출신으로 부귀 누림

월주를 통한 부모 복

월주에 위치한 월간과 월지의 두 개 십신을 분석함으로써 부모와 형제를 파악할 수 있어, 사주 당사자의 20세부터 40세까지 청년기에 부모형제 복의 여부를 알 수 있다. 마찬가지로 월간과 월지가 같은 십신일 경우 내용이 반복되게 되어 그 의미는 강조될 수 있다.

비견
부모형제의 덕이 있다.

겁재
부모형제 덕이 없어 빈한한 집안 출신이다.

식신
부모형제의 덕으로 체격이 크고, 도량 넓고, 복력이 후하다.

상관
아버지의 형제가 온전치 못하다.

편재
부모형제의 덕으로 부자 집 출생이다.

정재
부자 집 출생이거나, 자수성가로도 부자가 된다.

편관
부모형제 덕이 적다.

정관
부모형제 덕으로 사회적 직위가 높다.

편인
부모형제 덕이 적다.

정인
부모형제의 덕으로 부자 집 출생이다.

월주를 통한 부모 복

비견	부모형제 덕 있음
겁재	빈한한 집안 출신
식신	체격이 크고, 도량 넓고, 복력 후함
상관	아버지의 형제가 온전치 못함
편재	부자 집 출생
정재	부자 집 출생이거나, 자수성가로 부자 됨
편관	부모 덕 적음
정관	사회적 직위가 높음
편인	부모 덕 적음
정인	부자 집 출생

2장

공부 복

먼저 1부 '기본 사주풀이' 결과에서 공부에 관한 사항을 확인해 발췌한다. '예'의 사주풀이 결과는 3장 '나의 천간'에서 '머리가 영리하다'와, 8장 '불급'에서 '융통성(응용력)이 부족하다' 및 '유학과 해외여행이 좋다'는 내용이었다.

이와 더불어 수학(受學) 능력과 전공 등은 공부 복을 직접적으로 설명할 수 있는 핵심적 요인들이다. 이 장에서는 총명성의 정도, 공부에 대한 의욕, 적성에 맞는 전공을 공부에 관한 주어진 키워드로 추가적으로 알아보자.

총명성

사주팔자의 오행 중 수(水), 화(火), 목(木) 삼행을 구비하면 총명해 공부를 잘한다. 왜냐하면 수는 기억력을 의미하고, 화는 이해력과 표현력을 의미하며, 목은 지구력을 의미하기 때문이다. 이 셋 중에 수(水)나 화(火)는 없어도 끈질기게 노력하는 목(木)은 꼭 필요하다.

그러나 '수, 화, 목' 삼행을 구비하고 있어 기억을 잘하고 이해력이 뛰어나고 지구력이 있다 하더라도 공부를 하고자 하는 의욕이 없으면 공부를 잘 할 수가 없다. 스스로 공부하고자 하는 의욕이 공부 복에서 무엇보다 중요한 요인인 이유이다.

공부의욕

　공부에 대한 의욕은 인성(印星)과 관성(官星)이 구비되어 있느냐의 여부에 달려 있다. 인성은 배우고자 하는 욕구가 강하고 이를 위한 절제력을 말하며, 관성은 공부를 잘하기 위해 선생님이나 부모의 말을 잘 따르는 능력이기 때문이다.
　사주팔자에 인성과 관성이 둘 다 구비되어 있으면 부모가 가만히 둬도 스스로 공부를 열심히 잘한다. 둘 중 하나만 있어도 공부의욕이 있어 대학 졸업이 가능하다. 특히 인성이 있으면 박사까지 되려 하고, 공부를 별로 안 해도 학위를 잘 딴다. 반면에 인성이 없으면 공부가 한(恨)이 되어 나이가 들어서도 대학원에 진학하고 학위도 딴다.

월지에 따른 전공

 공부에 있어 전공의 선택은 매우 중요하다. 전공은 적성에 맞아야 하는데, 적성을 잘 표현하고 있는 것이 사주에 있어서 월지이다.

비견과 겁재

 전공을 별도로 지정할 필요가 없는 사람이다. 아무거나 해도 될 만큼 전공을 가리지 않는 사람이기 때문이다. 공부를 썩 잘하지는 못하나 중상위 수준은 유지한다. 경쟁이 요구되는 레드오션(red ocean) 업종이나 직종에 진출하는 것이 바람직하다. 피라미드 조직구조 속에서 동기생끼리 경쟁을 해야 하는 경찰학교, 사관학교를 나온 경찰이나 군인도 바람직하다.

식신과 상관

어학·언론·예능·공학·의학이 전공으로 바람직하다.

편재

상과계통이 적성이다.

정재

월급받기 좋은 교사, 공무원 등이 좋다.

편관

군인, 검찰, 경찰 등 법학의 무관계통이 좋다.

정관

행정학의 문관계통이 바람직하다.

편인

의학이면서 공학계통이 좋다.

정인

의학·윤리·교육계통이 좋다.

월지의 십신에 따른 전공

월지의 십신	전 공
비견 / 겁재	• 전공을 가리지 않음 • 경쟁이 요구되는 계통
식신 / 상관	• 어학·언론·예능·공학·의학 • 공학·예능·의학
편재	상과계통
정재	교직이나 공무원
편관	법학계통
정관	행정학계통
편인	의학이면서 공학계통
정인	의학·윤리·교육계통

3장

직업 복

직업 복에 관해 1부 '예'의 사주풀이 결과, 1부 2장 '나의 오행', 6장 '격국', 9장 '공망 지지', 10장 '삼합', 15장 '신살' 등에서 파악된 내용이 있었다. 이 장에서는 '잘할 수 있는 직업'과 '하고 싶은 직업'에 대해 알아보고자 한다. '잘할 수 있는 직업'과 동시에 '하고 싶은 직업'을 가진다면 성공할 가능성은 매우 높을 뿐 아니라 행복할 수 있다. 반대로 평생을 '잘할 수 있는 직업'도 아니면서 '하고 싶은 직업'도 아닌 일에 종사한다면 실패를 거듭하게 되고 불행 속에 살게 될 것이다.

따라서 '잘할 수 있는 직업(적성)'은 무엇이고 '하고 싶은 직업(꿈)'은 무엇인지를 조기에 파악하고 이 둘이 한 방향으로 가는 직업을 갖는 것이 무엇보다 중요하다.

3-1장

잘할 수 있는 직업

옛날 농경사회에서의 직업은 사농공상으로 단순했으나 현대 사회에서는 직업이 1만 6천여 가지로 분화되고 다양화되었다. 따라서 사주팔자를 가지고 직업을 판단하는 것은 매우 어려울 수밖에 없다.
직업을 판단하기 위해서는 사주 당사자의 적성이 가장 큰 영향을 미친다. 자기 적성과 잘 부합되는 직업을 수행할 때 가장 잘 할 수 있는 직업이 된다. 이러한 '잘할 수 있는 직업'이란 적성을 잘 반영하고 있는 일간과 격을 통한 직업이라 할 것이다.

일간의 오행에 의한 '잘할 수 있는 직업'

일간의 오행으로 직업을 판단하는 이유는 일간은 자신을 의미하므로 일간의 오행이 의미하는 직업이 적성에 맞을 수 있기 때문이다.

목(木)
임업·목재·제지 등 나무를 이용한 제조업이 좋다. 사람과 관련해서는 사회사업·교육사업·육군 등이 적절하다.

화(火)
불의 원료인 석유와 가스를 판매하는 주유소, 그리고 컴퓨터를 포함한 전기 관련 사업, 항공 및 주물과 제철 사업이 좋다. 사람과 관련해서는 대민 봉사, 공군 등이 적절하다.

토(土)

땅을 이용하는 농업·원예·과수원·종묘·농산물 가공 사업이 좋다. 사람과 관련해서는 부동산과 종교 분야로의 진출이 바람직하다.

금(金)

쇠를 다루는 철강사업·기계제조업·보석세공업이 좋다. 조종사·기관사·정비사가 좋고, 사람과 관련해서는 군인이 적절하다.

수(水)

물을 통한 선박·해양 사업·어업·양식업과 술집·카페·음식점 등이 좋다. 사람과 관련해서는 흐르는 물의 특성과 같이 외교관과 아이디어를 필요로 하는 업무, 해군 등이 할 만하다.

일간의 오행별 직업

목	목재·임업·제지 제조업, 사회사업·교육사업·육군
화	주유소·전기·항공·제철·대민봉사·공군
토	농업·원예·종묘·과수·부동산 및 종교 분야
금	철공·금속·금은·기계·차량·정비·조종사·기관사·군인
수	선박과 해양업, 술집·음식점·카페·어업·양식업·외교관·아이디어 업무·해군

격국에 의한 '잘할 수 있는 직업'

'격'은 사주 구조의 특징을 표현한 것으로 그 사람의 그릇, 됨됨이를 말하고, 성격·적성·직업 등 특성에 대한 정보를 파악할 수 있다. 따라서 '격'으로 본 직업은 일간의 오행으로 본 직업 판단보다 더 구체적이며 자신이 가장 잘할 수 있는 일이다.

'격'은 내격과 외격으로 구분된다. 이 장에서는 내격, 즉 십격에 따른 직업을 제시한다. 외격, 즉 특수격에 따른 직업은 1부 6장 '나는 어떤 격의 사람인가'에서 찾으면 된다.

비견격 / 겁재격

자존심이 강해 남 밑에서 일하기가 어렵다. 그러므로 개인사업을 하거나, 자기 업무 영역이 확실한 공무원이나 교사가 좋다.

식신격

성격이 안정적이고 풍류를 즐기며 호감을 사는 격이라 어떤 직업도 가능하다. 건물 임대업을 포함해 의식주에 관련된 사업, 사람과 관련된 업무인 의사·간호사·법관·성직자·외교관·군인·경찰·운동선수가 좋다. 금융·식료품회사 등의 봉급생활과 기술계통도 좋다. 배우·탤런트·가수·무용가·작가·작곡가 등의 직업도 가능하다.

상관격

언변이 뛰어나므로 아나운서·변호사·종교인·교육자·보모·중개인 등 말하는 직업이 좋다. 머리가 좋아 발명가와 학자도 가능하다. 다재다능하므로 연예계통도 좋다. 기술을 바탕으로 하는 사업도 가능하다.

편재격

자유로운 행동과 부드러운 표현력을 가지고 있으면서 떠돌기를 좋아한다. 해외를 무대로 협상력을 발휘하는 무역이나 외교에 적절하다. 통신과 교통 등의 관련업도 좋다. 부동산과 증권 등 투기성 사업도 잘할 수 있다.

정재격

성실과 신용이 필수적인 사업이나 직장생활에 좋다. 금융과 재무계통의 관공서 봉급생활이 제격이나 기업경영도 잘할 수 있다.

편관격

경찰·군인·검찰 등 무관 직업이나 기술방면 또는 예술 분야가 좋다.

정관격

공무원 등 문관계통의 직업이 적절하다 재무계통과 정치가로 성공도 가능하다. 학계와 기업체 뿐 아니라 군과 경찰 등의 참모(기획 등)로 활동할 수도 있다.

편인격

의사·역술인·결혼상담소·인생상담소 등 정신적 고민 해소 업무의 직업이 제격이다. 기술 및 체육계통이나 예술계통도 좋다. 기자·프로듀서·아나운서·작가 등 언론계통도 좋다.

정인격

문화·학술·예술계통과 교육자가 제격이다.

십격별 직업

십격	직업
비견격·겁재격	• 개인사업 • 업무 영역이 확실한 공무원·교사 등
식신격	• 건물 임대업 포함한 의식주 관련 사업 • 의사·법관·성직자·외교관·군경·운동선수 • 금융·식료품회사 등의 봉급생활과 기술계통 • 탤런트·가수·무용가 등이나 작가·작곡가 등
상관격	• 변호사·종교인·교육자·보모·중개인 등 말하는 직업 • 기술·발명가·학자 • 식신격과 같이 연예계통 • 경제·재정분야 공무원
편재격	• 돌아다니며 하는 사업인 무역과 외교업무 • 통신·교통 등 관련업 • 부동산·증권 등 투기성 사업
정재격	• 성실·신용이 필수적인 사업 또는 직장생활 • 금융·재무계통 관공서 봉급생활 • 기업경영
편관격	• 경찰·군인·검찰 등 무관 직업 • 기술방면·예술 분야
정관격	• 공무원 등 문관계통의 직업 • 재무계통 • 학계·기업체의 기획 등 참모
편인격	• 의사·역술인·결혼상담소·인생상담소 등 • 기술·체육계통, 예술계통 • 기자·프로듀서·아나운서·작가 등 언론계통
정인격	• 문화·학술·예술계통, 교육자 • 학자·예술계통

3-2장
하고 싶은 직업

'하고 싶은 직업'은 앞에 설명한 '잘할 수 있는 직업'과는 다르다. '하고 싶은 직업'은 자신의 사주팔자 가운데 부족하고 약한 부분에 대한 보상받고 싶은 욕구의 반영이다. 이는 용신을 통해서 찾을 수 있다.

용신은 각자의 사주팔자에서 음양오행의 균형을 위해 꼭 필요한 글자로서, 사주에서 부족하고 약한 부분이다. 이를 숙명처럼 채우고자 원하다 보니 자신의 '하고 싶은 직업'은 결국 용신에서 찾을 수 있게 되는 것이다.

용신 오행에 의한 '하고 싶은 직업'

　용신인 오행에 의한 '하고 싶은 직업'은 일간의 오행에 의한 '잘할 수 있는 직업'과 내용은 동일하다. 용신인 오행에 의한 '하고 싶은 직업'은 다만 하고 싶은 직업일 뿐 '잘할 수 있는 직업'은 아니라는 것이다.

목(木)

　나무와 관련한 임업과 목재, 그리고 제지 등 나무를 이용한 제조업을 하고 싶어 한다. 사람과 관련해서는 사회사업과 교육 사업, 육군 등을 하고 싶어 한다.

화(火)

불의 원료인 석유와 가스를 판매하는 주유소, 그리고 컴퓨터를 포함한 전기 관련 사업, 항공·주물·제철 사업이 하고 싶고, 사람과 관련해서는 대민 봉사, 공군을 하고 싶어 한다.

토(土)

땅을 이용하는 농업·원예·과수원·종묘·농산물 가공사업을 하고 싶고, 사람과 관련해서는 부동산과 종교분야로의 진출을 하고 싶어 한다.

금(金)

쇠를 다루는 철강사업·기계제조업·보석세공, 그리고 차량과 기차 등의 조종사·기관사·정비사가 되고 싶고, 사람과 관련해서는 군인이 되고 싶어 한다.

수(水)

물을 통한 선박·해양사업·어업·양식업, 술집·카페·음식점 등이 하고 싶고, 사람과 관련해서는 흐르는 물의 특성과 같이 외교관과 아이디어를 필요로 하는 업무, 해군 등을 하고 싶어 한다.

용신의 오행별 직업

목	목재·임업·이들의 제조업·사회사업·교육사업·육군
화	항공·주유소·컴퓨터·전기·제철·대민봉사·공군
토	농업·원예·종묘·과수원, 부동산·종교분야
금	철강사업·기계제조업·보석세공, 정비사·조종사·기관사, 군인
수	선박·해양업, 술집·음식점·카페, 어업·양식업, 외교관·아이디어 업무·해군

용신 십신에 의한 '하고 싶은 직업'

비견과 겁재

자신의 '그릇의 크기'가 조금 더 크기를 원하고 '내면의 확장'을 중요시한다. 그래서 용신이 비견인 사람은 주도적이고 진취적인 일을, 용신이 겁재인 사람은 자존심을 중요시하고 명예로운 일을 하고 싶어 한다.

식신과 상관

말을 많이 하는 직업, 즉 탤런트와 같은 재주를 갖고자 한다. 용신이 식신인 사람은 주로 의식주에 관련한 일을, 용신이 상관인 사람은 활동적이고 적극적인 일을 하고 싶어 한다.

편재와 정재

다른 사람보다 더 추진력을 갖고 싶어 하고, 그 결과로 돈도 많이 벌기를 희망한다. 용신이 편재인 사람은 순발력과 재치가 요구되며 돌아다니면서 하는 일을, 용신이 정재인 사람은 안정적이고 보수적이며 정착되어 하는 일을 하고 싶어 한다.

편관과 정관

제도와 법규를 중요시하면서 권력과 명성을 갖고자 한다. 용신이 편관인 사람은 원칙에 충실하고 업무위주의 일을, 용신이 정관인 사람은 질서와 명예를 존중하고 공정무사하며 인본적인 일을 하고 싶어 한다.

편인과 정인

공부를 많이 하고 싶어 하고 절제와 도덕을 중요시 한다. 용신이 편인인 사람은 예술가 등 재주가 있고 직감력이 뛰어난 일을, 용신이 정인인 사람은 학자 등 지혜와 덕망을 요구하는 일을 하고 싶어 한다.

용신의 십신별 직업

비견	주도적이고 진취적인 일
겁재	자존심과 명예로운 일
식신	의식주 관련 일
상관	활동적이고 적극적인 일
편재	순발력과 재치가 요구되며 돌아다니면서 하는 일
정재	안정적이고 보수적이며 정착되어 하는 일
편관	원칙에 충실하고 업무위주의 일
정관	질서와 명예를 존중하고 공정무사하며 인본적인 일
편인	예술가 등 재주가 있고 직감력이 뛰어난 일
정인	학자 등 지혜와 덕망을 요구하는 일

사주 Tip

인생의 4가지 구분

　사람은 행복한 사람과 불행한 사람, 성공한 사람과 실패한 사람 등으로 구분한다. 이런 구분의 기준은 돈과 지위 등의 물리적 요인을 꼽기도 하고, 정신적 충족 정도를 들기도 한다.

　어떤 기준이라 하더라도 사람마다의 주관성이 개입하기 때문에 객관화는 매우 어려울 수밖에 없다. 여기서 제시하는 인생의 4가지 분류 또한 행복과 성공에 대한 하나의 관점에 입각한 것이다. 즉 사람은 일을 남보다 잘할 때 성공의 기회가 많아진다는 것과 자기가 하고 싶은 일을 할 때 행복을 느낀다는 관점이다.

　첫 번째, 자기가 잘할 수 있는 일이 하고 싶은 일이라면 이 사람은 '행복한 사람'이다. "머리 좋은 사람도 열심히 하는 사람 못 당하고 열심히 하는 사람도 즐기는 사람 못 당 한다"는 말처럼 이 사람은 '즐기는 사람'이기 때문이다.

미국 대통령 도널드 트럼프를 예로 들 수 있다. 그는 부동산 전문가다. 어려서부터 아버지를 따라 집과 땅을 보러 다녔고, 성장해서는 세계 최고의 건물과 시설을 만드는 일을 즐겼다. 대통령이 된 후에 백악관이 아닌 자신의 멋있는 집에서 근무하면 안 되겠냐고 했다지 않는가. 부동산 전문가가 아닌 대통령으로서는 행복한 사람이 될지는 두고 볼 일이지만 말이다.

두 번째, 잘할 수 있는 일은 아니지만 하고 싶은 일을 하고 있다면 '절반의 행복한 사람'이다.

세 번째, 자기가 잘하는 일을 하고 있지만 하고 싶은 일이 아니라면 '절반의 성공을 한 사람'이다.

절반의 행복과 성공을 한 사람의 예로는 1972년 노래 '개여울'로 데뷔한 대중가수 정미조 씨를 들 수 있다.

정미조 씨는 국제가요제 수상자가 되면서 대중가수로서의 성공을 이루자 미뤄둔 화가의 꿈이 되살아났다. 정미조 씨는 한 언론 인터뷰에서 "처음엔 제대로 된 무대에서 좋아하는 노래를 실컷 부를 수 있다는 사실이 그냥 좋았어요. 그런데 어느 날 갑자기 붓을 쥐고 있어야 할 손에 마이크가 잡혀 있는 게 낯설어 보이기 시작했습니다. 너무 오래 다른 길을 가고 있었구나 하는 생각이 들어 미련 없이 은퇴를 결심했습니다"라며 1979년 10월, 돌연 은퇴와 유학 선언을 했다.

그 이후 프랑스로 건너가 국립장식 미술 학교에서 석사 학위를 받았고, 파리 제7대학교에서 박사 학위를 받고 서양화 교수로 일하고 있다.

정미조 씨가 잘할 수 있는 일은 노래다. 하고 싶은 일은 그림 그리는 일이다. 잘할 수 있는 노래로 성공을 거두었지만 하고 싶은 일이 아니었으므로 행복하지는 못했을 것이다. 그래서 은퇴 후 하고 싶은 일이었던 미술을 현재 하고 있어 행복은 하지만 성공했다고 볼 수는 없다. 그래서 '절반의 행복'이고 '절반의 성공'에 해당한다.

네 번째, 하고 있는 일이 잘하는 일도 아니고 하고 싶은 일도 아니라면 '실패한 사람'이다. 실패한 사람이 되지 않으려면 자신의 적성과 하고 싶은 일을 아는 것이 중요하다. 적성과 꿈을 일치시킬 수 있다면 성공을 넘어 행복할 수 있다.

사주역학에서는 격국과 용신을 중요시한다. 격국과 용신이란 무엇인가?

격국은 사주 구조의 특징을 표현한 것으로 사람의 그릇 크기를 나타낸다. 즉 사람 나름의 가장 잘할 수 있는 능력을 말한다. 그래서 격국을 보면 사람의 잘 할 수 있는 능력을 파악할 수가 있다.

용신은 사주 상 취약한 부분을 보완하기 위해 꼭 필요한 글자를 말한다. 기다리던 대운과 세운에서 이 용신이 왔을 때 발복한다. 부족하다보니 메우려 하는 본성에 의해서 용신은 그 사람이 하고 싶은 어떤 것이다. 그래서 용신을 통해 그 사람이 하고 싶은 일을 파악할 수가 있는 것이다.

사주역학은 격국을 통해 적성을 파악하고 용신을 통해 꿈을 파악해 이 둘이 한 방향으로 향하는 사주를 좋은 사주라 하고, 이 둘이 서로 다른 방향이면 아쉬운 사주라 한다. 아쉬운 사주라 하더라도 격국과 용신의 파악으로 인생의 시행착오를 최소화하고 행복의 길로 나아갈 수 있는 가능성을 보여준다는 면에서 사주역학은 유용하다고 할 수 있다.

4장

재물 복

재복은 4가지 형태로 구분한다. 첫째는 다집다산(多集多散)하는 사람들로, 많이 벌기는 하지만 많이 씀으로써 남는 건 없는 외화내빈하는 사람들이다. 둘째는 다집소산(多集少散)하는 사람들로, 많이 벌어도 검소하게 생활함으로써 재산이 불어나는 부자들을 일컫는다. 셋째는 소집소산(少集少散)하는 사람들인데, 버는 것도 많지 않지만 알뜰히 살아 집 한 채 지니고 가족이 먹고 사는 데는 문제가 없는 보통 사람들을 말한다. 넷째는 소집다산(少集多散)하는 사람들로, 버는 것 이상으로 허세를 부리면서 쓰는 바람에 평생 빚에 쪼들리는 고달픈 사람들이다.

재복은 기업이나 가정을 막론하고 경영을 잘해 돈을 많이 버는 것도 중요하지만 수입보다 지출을 줄이기 위한 알뜰한 마음가짐과 노력 여부에 달린 것이다.

재복의 여부는 기본적으로 1부 '예'의 사주풀이 결과 5장 '일주', 6장 '격국', 7장 '태과 오행', 9장 '공망 십신', 12장 '사주와 십신', 13장 '사주와 12운성', 14장 '십신과 12운성' 등에서 파악되었으나 이와 더불어 이 장에서는 추가적으로 12운성을 통해 간략하게 재복의 정도를 알 수 있다.

12운성에 따른 재복

사주의 일간에서 보았을 때 재성에 해당하는 천간과 일지와의 관계가 12운성의 어디에 해당되는가를 가지고 재복의 정도를 가늠해볼 수 있다.

사왕(四旺)인 장생·관대·건록·제왕
재성의 운기(運氣)가 강한 것이므로 재복이 많음을 암시한다.

사쇠(四衰)인 쇠·병·사·절
재성의 운기가 약한 것이므로 재복이 약함을 의미한다.

사평(四平)인 목욕·묘·태·양

재성의 운기가 평범한 것이므로 재복은 보통임을 알 수 있다.

12운성에 따른 운기와 재복

12운성	운기(運氣)	해석
장생·관대·건록·제왕	사왕(四旺)	재복이 많다
쇠·병·사·절	사쇠(四衰)	재복이 약하다
목욕·묘·태·양	사평(四平)	재복이 보통이다

5장

출세 복

출세 복은 그 대상이 옛날에는 벼슬, 즉 관직에 국한되었지만 오늘날에는 다양한 직장 조직으로 확대되었다. 그러나 예나 지금이나 그 지위의 높낮이로 출세 복을 가늠하는 것은 변함이 없는 듯하다. 누구는 출세 복이 많아 입사 후 승승장구해 최단 기간에 임원에 오르고 사장까지 되는데, 누구는 출세 복이 없어 만년 계장과 과장 자리에서 맴돌고 있는 것이다.

출세 복의 여부는 기본적으로 1부 '예'의 사주풀이 결과, 1부 5장 '일주', 14장 '십신과 12운성', 15장 '신살' 등에서 파악되었으나 이 장에서는 추가적으로 12운성을 통해 간략하게 출세 복의 정도를 알 수 있다.

12운성에 따른 출세 복

사주의 일간에서 보았을 때 관성에 해당하는 천간과 일지와의 관계가 12운성의 어디에 해당되는지 확인해 출세 복의 정도를 가늠해볼 수 있다.

사왕(四旺)인 장생·관대·건록·제왕

재성에서와 같이 관성의 운기(運氣)가 강한 것이므로 출세 복이 많음을 암시한다.

사쇠(四衰)인 쇠·병·사·절

관성의 운기가 약한 것이므로 출세 복이 약함을 의미한다.

사평(四平)인 목욕·묘·태·양

관성의 운기가 평범한 것이므로 출세 복은 보통임을 알 수 있다.

12운성에 따른 운기와 출세 복

12운성	운기(運氣)	해석
장생·관대·건록·제왕	사왕(四旺)	출세 복이 많다
쇠·병·사·절	사쇠(四衰)	출세 복이 약하다
목욕·묘·태·양	사평(四平)	출세 복이 보통이다

사주 Tip

상생구조의 인테리어

가정의 보금자리인 집은 사람의 생활에 있어 너무나도 중요하다. 집은 충분한 휴식과 재충전의 공간이기 때문이다. 식사를 하는 데 불편함이 없어야 하고, 달게 잠을 잘 수 있는 잠자리를 제공할 수 있어야 하며, 거실에 앉으면 세상에서 가장 편안해야 한다.

이런 집에 살게 되면 정신적으로 육체적으로 건강하게 되어 가족이 화목하게 되며, 밖에서 받은 스트레스가 해소되고 에너지가 충전되며, 새로운 아이디어가 생겨날 수 있게 된다. 이런 집은 크기와 화려함의 정도로 결정되는 것이 아니라 가정의 내부 구조를 어떻게 배치하느냐가 중요하다.

집에는 현관문이 있고, 침실이 있으며, 가족이 모여 앉아 TV

를 보고 음악을 들으며 쉴 수 있는 거실이 있고, 부엌, 화장실, 창고 등으로 구성된다. 오늘날의 집들 대부분이 생활의 편리성을 고려해 이런 구성 요소들을 잘 배치해놓고 있다. 그래서 아파트를 선호하기도 하고, 경관에 따라 집값의 차이가 크고, 조경에도 신경을 많이 쓴다.

사주역학에서 말하는 오행이 상생할 수 있는 구조를 가질 때 비로소 사람은 편안함을 누릴 수 있다. 또한 육체적·정서적 안정을 취할 수 있어 몸에서 엔돌핀이 생성되어 그야말로 만사형통이 가능해진다.

목(나무)은 화(불)를 만든다. 화는 토(흙)를 생성하게 되며 토에서 금(쇠)을 채취하고 금(바위)에서 수(물)를 얻는다. 다시 수는 목을 키우는 반복을 함으로써 우주는 운행하게 된다. 자연의 한 구성 요소인 사람도 이 질서에 순응할 때 편하게 되므로 상생 체계의 집 구조가 요구된다는 것이다.

오행의 상생 체계에 순응하는 구조를 갖기 위해서는 방향을 고려해 배치하는 것이 좋다. 목은 동쪽을 의미하고, 화는 남쪽을 의미하며, 토는 중앙이고, 금은 서쪽을, 수는 북쪽을 말한다. 집 인테리어의 구성요소를 '동(목)→ 남(화)→ 중앙(토)→ 서(금)→ 북(수)'의 순서로 배치하면 좋다는 것이다.

예를 들어 아파트의 현관문(대문)이 동쪽이면 남쪽에 방이 있고, 중앙에 거실을 두고 서쪽에 부엌, 그리고 북쪽에 식탁이 놓이면 상생구조라 할 수 있다. 집에 들어와서 휴식을 취하고 가족과 즐기며 먹고 다시 일하러 나가는 과정의 동선이 물 흐르듯이 연결되면 좋다는 것이다.

성공한 빵집을 보자. 주변의 빵집 대여섯 군데가 생겼다가 6개월에서 최대 1년 안에 문을 닫았으나 이 집은 성업을 이어가고 있다. 빵도 맛이 있고 끊임없이 연구해 신제품을 내 놓을 뿐 아니라 종업원들도 친절하고 깔끔하다. 항상 내부를 밝게 해 환한 분위기를 자아내고, 고소한 빵 냄새가 손님들을 행복하게 한다.

여기에다 출입구(북쪽)를 들어서면 좌측(동쪽)으로 유리 벽면에 빵들이 진열되어 있고, 이어서 우측(남쪽)으로도 벽면에 케익 종류를 진열하고 중앙에 과자 종류를 진열해 자연스러운 동선으로 제품을 잘 볼 수 있게 해놓고 있다. 그리고 카운터를 서쪽에 두어 손님이 계산한 후에 북쪽 출입구로 되돌아 나가도록 했다.

어떠한 사업장이든 손님 배려에 정성을 다하고 오행의 상생 체계에 잘 순응한 구조로 내부까지 설계한다면 성공에 한걸음 더 다가갈 수 있을 것이다.

6장

배우자 복

누구는 아내 복으로 출세하고, 누구는 아내로 인해 패가망신하는가! 누구는 남편 복으로 정경부인이 되는가 하면, 누구는 남편 잘못 만나 평생을 마음고생은 물론 죽도록 일을 해야 먹고 살 수 있는가!

배우자 복의 여부는 기본적으로 1부 '예'의 사주풀이 결과, 1부 5장 '일주', 7장 '십신 태과', 9장 '공망', 15장 '신살' 등에서 파악되었으나 이 장에서는 일지에 위치한 십신의 종류로 배우자 복을 추가적으로 알아볼 수 있다.

일지 십신을 통한 배우자 복

일지(日支)는 배우자 자리이다. 따라서 배우자 복을 알기 위해서는 일지가 어떠한 십신으로 구성되어 있는지 분석해보자.

비견 / 겁재
의처증·의부증이 있는 등 부담스런 배우자이다.

식신
남성은 도량이 넓고 몸집도 큰 편이면서 의식주도 풍족한 좋은 처에 인연한다. 여성은 대체적으로 자식을 갖기가 힘들다.

상관

남성은 처가 미모가 뛰어나고 말을 잘하며 재능이 있다. 여성은 남편을 업신여길 만큼 주도적일 수 있다.

편재

처가 명쾌하기는 하나 첩 같은 부인으로 이상만 추구해 부담스럽다. 여성은 남편이 유머도 있고 경제적 여유가 있다.

정재

남성은 내조를 잘하는 처에 인연하고, 여성은 부자 남편에 인연한다.

편관

배우자는 영리하나 성질이 조급하고 괴팍하며 건강에 문제가 있고, 정상적이 아닌 이성관계일 수 있다.

정관

현명한 좋은 배우자에 인연한다.

편인

정신적으로 부담스런 배우자와 인연이 있다.

정인

배우자가 현명하고 정이 두텁다.

일지의 십신을 통한 배우자 복

비견 / 겁재	부담스런 배우자
식신	남성은 처가 도량이 넓고, 의식주도 풍족한 좋은 처에 인연
	여성은 자식 갖기가 힘듦
상관	남성의 경우 처는 미모의 소유자이고 말을 잘하며 재능 있음
	여성의 경우 남편을 업신여김
편재	남성은 첩 같은 부인으로 부담스러우나 명쾌함
	여성은 남편이 유머도 있고 경제적 여유가 있음
정재	남성은 내조를 잘하는 좋은 처와 인연
	여성은 부자 남편에 인연
편관	배우자는 영리하나 성질이 조급하고 괴팍하며, 건강에 문제가 있고, 이성관계가 비정상적이 됨
정관	현명한 좋은 배우자와 인연
편인	정신적으로 부담스런 배우자에 인연
정인	배우자가 현명하고 정이 두터움

7장
노후 복 및 자식 복

100세 시대가 멀지않은 지금 노후에 관한 문제는 개인적으로도 큰 관심사일 뿐 아니라 사회적 문제이기도 하다. 누구는 자식 잘 두어서 어딜 가나 대우 받고 호의호식하는데, 누구는 자식 때문에 평생을 고생하고 제 명대로도 못 사는가!

노후 복 및 자식 복의 여부는 기본적으로 '예'의 '자식에 풍파가 있다', '인생 후반에 발복'처럼 1부 '기본 사주풀이' 결과에서 독자의 노후 및 자식에 관한 사항을 발췌해 알 수 있다.

이 장에서는 시주(時柱)에 위치한 십신에 따라 노후 복 및 자식 복을 추가적으로 알아볼 수 있다. 시주로 노후 복 및 자식 복을 알 수 있기 때문이다.

시주 분석을 통한 자식 복

시주(時柱)를 나무로 치면 열매로 자식을 알 수 있다. 따라서 노후 복 및 자식 복을 알기 위해서는 일간의 강약과 관련해 시주의 시간(時干), 시지(時支)가 어떠한 십신으로 구성되어 있는가를 분석하면 된다. 시간과 시지가 같은 십신일 경우 내용이 반복되게 되어 그 의미는 강조될 수 있다.

일간이 신강한 경우 십신

비견 / 겁재
자식 복이 약하다.

식신
자식은 효자로 노후 복이 길하다.

상관
남성은 자식 복이 약하나, 여성은 자식 복이 길하다.

편재 / 정재

40살부터인 장년 이후 부귀해 노후 복이 길하다.

편관

자식 복과 노후 복이 길하다.

정관

장년 이후 영달하고 출중한 자식으로 노후 복이 길하다.

편인

자식 복이 약하다.

정인

자식 복이 길해 만년에 행복하고 무병장수한다.

일간이 신약한 경우 십신

비견 / 겁재
자식 복이 길하다.

식신
자식은 효자로 노후 복이 길하다.

상관
남성은 자식 복이 약하나, 여성은 자식 복이 길하다.

편재 / 정재

장년 이후 부귀해 노후 복이 길하다.

편관

자식 복과 노후 복이 약하다.

정관

장년 이후 영달하고 출중한 자식으로 노후 복이 길하다.

편인

자식 복이 길하다.

정인

자식 복이 길해 만년에 행복하고 무병장수한다.

일간의 강약과 시주의 십신에 따른 노후 복 및 자식 복

시주	신강	신약
비견	자식 복이 약함	자식 복이 길함
겁재	자식 복이 약함	자식 복이 길함
식신	자식은 효자로 노후 복이 길함	
상관	남성은 자식 복이 약하나, 여성은 자식 복이 길함	
편재	장년 이후 부귀해 노후 복이 길함	
정재	장년 이후 부귀해 노후 복이 길함	
편관	자식 복과 노후 복이 길함	자식 복과 노후 복이 약함
정관	장년 이후 영달하고 출중한 자식으로 노후 복이 길함	
편인	자식 복이 약함	자식 복이 길함
정인	자식 복이 길해 만년에 행복하고 무병장수	

사주 Tip

운명을 마주하는 용기

　자신의 운명을 알고자 사주팔자를 궁금해 하면서도 막상 사주풀이를 보면 좋다는 것은 당연히 여기고 안 좋다는 내용은 수용하기를 꺼려한다. 좋다는 내용은 두고두고 기억하고 역술인을 용하다고 칭찬하면서 안 좋다는 내용에 대해서는 역술인을 폄하하거나 부정하려고 하는 경향이 있다.

　사실 우리가 사주팔자를 보는 것은 안 좋다는 내용을 들으려고 하는 데 의미가 있다. 사전에 불행을 막거나 최소화하자는 일종의 예방 효과를 얻기 위함이다. 그런데 이를 어떻게든 부정하고 회피하고자 하는 데만 신경을 쓴다.

　역학을 배우겠다는 사람 중에서도 자신의 사주 단면의 좋지 않은 풀이를 보면 몹시 기분 나빠하며 공부를 중도에 포기하는 사람이 있다. 이는 자신의 운명을 마주하는 '용기'가 없기 때문이다.

잠시 역사 이야기를 해보자. 임진왜란이 있기 1년 전, 조선통신사의 정사 황윤길과 부사 김성일이 일본을 정탐하고 돌아와 왕에게 아뢰기를 황윤길은 "반드시 병화(兵禍)가 있을 것입니다"라고 했고, 김성일은 "병화의 징조를 보지 못했습니다. 황윤길이 백성의 마음을 흔드는 행동은 옳지 못합니다"라고 했다.

전쟁은 국가의 존망과 백성의 생사가 걸린 중대사라 전쟁이 나지 않도록 해야 하고, 일단 전쟁이 발발했다면 반드시 이겨야 하는 것이다. 이를 위해서는 전쟁 준비를 철저히 하는 방법 밖에 다른 묘책은 없다. 임진왜란은 발생할 수도 있는 국가적 재앙을 회피하기만 하고 마주하지 못한 결과가 낳은 비극이다. 이 전쟁으로 전국이 초토화되고 당시 인구의 2/3가 도륙을 당했다니 그 대가치고는 가혹하다는 표현이 무색할 따름이다.

개인이 삶을 대하는 태도도 다르지 않다. 아무런 대책 없이 낙관적으로 일관하다가 뜻밖의 불행한 일을 당해 좌절하는 삶은 무책임하기 그지없다. 가정을 책임지는 가장이라면 가정을 파탄나게 하는 심각한 결과를 낳는다. 이판사판(합리적인 인간판단과 하늘의 판단)을 통한 최선의 미래를 예측하고 최악의 경우에 대비하는 것은 가장 지혜로운 삶이라 할 수 있다.

이런 태도를 위해서는 최악의 경우가 발생할 수 있다는 사실을 받아들이는 용기가 필요하다. 막연히 나는 예외일 것이라는 생각으로 안일한 삶을 사는 사람은 최악의 경우를 맞닥뜨릴 용기를 갖지 못하는 사람이다.

어차피 운명대로 될 텐데 미리 알아서 고민할 필요가 없다는 사람도 많다. 운명론자들의 생각이다. 운명대로 되는 삶이라면 인생에서 노력이란 가치는 뭐가 되는가!

노력보다 더 중요한 가치는 없다. 인류의 노력으로 이뤄낸 의술이 100세 시대를 열어가고 있는 것처럼 노력은 운명을 지배한다. 운명에 끌려가는 삶이 아닌 운명을 끌고 가는 삶을 살기 위해서는 운명을 마주하는 용기가 무엇보다 중요하다.

8장

건강 복

누구는 건강하게 100세까지 장수하고, 누구는 병마로 사랑하는 처자식이나 남편을 뒤로 하고 요절하나! 돈과 명예 배우자와 자식에 대한 복이 중요하지만 건강 복이 뒷받침이 되지 않으면 물거품과도 같다.

무병장수할 팔자는 음양과 오행이 균형되어 조화를 이루고 있는 사람이다. 그러나 아무리 장수할 팔자라도 과욕을 부리거나 과음, 과식, 과로, 과색 등 무절제한 생활 또는 남을 미워하는 마음이 가득하거나 불안, 초조, 긴장의 연속으로 스트레스가 쌓이면 수명이 단축 된다. 다소 결함이 있는 팔자라도 후천적으로 과욕을 부리지 않고, 절제를 하는 등 규칙적인 생활과 마음을 즐겁게 가지면 장수할 수 있다.

건강 복의 여부는 기본적으로 1부에서 확인해 파악한 내용에 추가해 이 장에서는 사주의 태과 되거나 불급된 오행에 따라 특히 조심해야 할 장기(臟器)를 알아볼 수 있다.

오행의 태과 불급에 따른 질병

사주의 오행이 태과(太過) 또는 불급(不及)함에 따라 조심해야 할 오장육부가 있다. 태과란 팔자 중에서 같은 오행의 글자가 3개 이상 많은 것을 말하고, 불급이란 팔자 중 어느 하나의 글자가 주변 글자들로부터 극을 받음이 심해 약하거나, 팔자 중 어느 오행이 아예 없는 것을 말한다.

오행의 태과 질병

목

토(土)병인 비장과 위장을 조심해야 하고, 금(金)병으로 폐와 대장을 조심해야 한다.

화

금(金)병으로 폐와 대장을 조심해야 하고, 수(水)병인 신장과 방광을 조심해야 한다.

토

수(水)병인 신장과 방광을 조심해야 하고, 목(木)병으로 간과 담을 조심해야 한다.

금

목(木)병인 간과 담을 조심해야 하고, 화(火)병으로 심장과 소장을 조심해야 한다.

수

화(火)병인 심장과 소장을 조심해야 하고, 토(土)병으로 비장과 위장을 조심해야 한다.

오행의 불급 질병

목
목(木)병인 간과 담을 조심해야 한다.

화
화(火)병인 심장과 소장을 조심해야 한다.

토
토(土)병인 비장과 위장을 조심해야 한다.

금

금(金)병인 폐와 대장을 조심해야 한다.

수

수(水)병인 신장과 방광을 조심해야 한다.

오행의 태과 불급에 따른 질병

오행	태과	불급
목	비장, 위장 / 폐, 대장	간, 담
화	폐, 대장 / 신장, 방광	심장, 소장
토	신장, 방광 / 간, 담	비장, 위장
금	간, 담 / 심장, 소장	폐, 대장
수	심장, 소장 / 비장, 위장	신장, 방광

9장
복을 부르는 습관인 생활 복

일상 속에서 복이 되는 계절과 방향 및 색깔 등은 무엇일까? 이것을 알아 계절과 방향을 잘 활용하고, 색깔을 선택해 생활화한다면 자신감이 더 커지고 복을 불러 삶이 윤택해질 것이다.

사람 나름대로 가지고 있는 용신은 사람을 돕는 수호신으로, 이 용신의 오행이 무엇이냐에 따라 복을 부르는 계절 및 방향과 색깔 등을 알 수 있다.

용신의 오행

목

계절은 봄이 유리하므로 봄에 적극적인 활동을 하면 좋다. 방향은 동쪽이 좋아 책상이나 침대에 앉았을 때 동쪽을 바라보도록 배치하고, 맛은 신맛이 몸에 당기므로 신맛의 음식과 과일을 챙겨 먹으면 좋다. 색은 파랑색이 좋다. 옷은 물론 방과 사무실 등 생활공간을 파랑색으로 디자인하되, 흰색은 좋고 나쁨이 없는 보편적인 색이므로 흰색과 조화를 잘 이루도록 하면 좋다. 숫자는 3과 8이 행운의 숫자이므로 현관문이나 카드의 비밀번호 등 일상에서 사용하면 좋다.

화

계절은 여름이 유리하므로 여름을 잘 활용하면 좋다. 방향은 남쪽이 좋다. 집의 남쪽에서 행운을 얻거나 책상이나 침대에 앉았을 때 남쪽을 바라보도록 배치하고, 맛은 쓴맛이 몸에 당기므로 쓴맛의 음식과 과일을 챙겨 먹으면 좋다. 색은 빨강색이 좋다. 옷은 물론 방과 사무실 등 생활공간을 빨강색으로 디자인하되, 흰색은 좋고 나쁨이 없는 보편적인 색이므로 흰색과 조화를 잘 이루도록 하면 좋다. 숫자는 2와 7이 행운의 숫자이므로 현관문이나 카드의 비밀번호 등 일상에서 사용하면 좋다.

토

계절은 변절기에 강하므로 변절기를 잘 활용하면 좋다. 방향은 중앙이 무난하다. 맛은 단맛이 몸에 당기므로 단맛의 음식과 과일을 챙겨 먹으면 좋다. 색은 황색이 좋다. 옷은 물론 방과 사무실 등 생활공간을 황색으로 디자인하되, 흰색은 좋고 나쁨이 없는 보편적인 색이므로 흰색과 조화를 잘 이루도록 하면 좋다. 숫자는 5와 0이 행운의 숫자이므로 일상에서 사용하면 좋다.

금

계절은 가을이 좋으므로 가을을 잘 활용하면 좋다. 방향은 서쪽이 좋다. 집의 책상이나 침대에서 앉았을 때 서쪽을 바라보도록 배치하고, 맛은 매운맛이 몸에 당기므로 매운 맛의 음식과 과일을 챙겨 먹으면 좋다. 색은 흰색이 좋으므로 옷은 물론 사용하는 방과 사무실 등 생활공간을 흰색으로 디자인하면 좋다. 숫자는 4와 9가 행운의 숫자이므로 일상에서 사용하면 좋다.

수

계절은 겨울이 좋으므로 겨울을 잘 활용하면 좋다. 방향은 북쪽이 좋다. 집의 북쪽에서 행운을 얻거나 책상이나 침대에서 앉았을 때 북쪽을 바라보도록 배치하고, 맛은 짠맛이 몸에 당기므로 짠 음식과 과일을 챙겨 먹는 것도 좋다. 색은 검정색이 좋다. 옷은 물론 방과 사무실 등 생활공간을 검정색으로 디자인하되, 흰색은 좋고 나쁨이 없는 보편적인 색이므로 흰색과 조화를 잘 이루도록 하면 좋다. 숫자는 1과 6이 행운의 숫자이므로 일상에서 이 숫자를 사용하면 좋을 것이다.

용신의 오행과 복을 부르는 습관

구분 \ 오행	목(木)	화(火)	토(土)	금(金)	수(水)
계절	봄	여름	변절기	가을	겨울
방향	동	남	중앙	서	북
맛	신맛	쓴맛	단맛	매운맛	짠맛
색깔	청(靑)	적(赤)	황(黃)	백(白)	흑(黑)
숫자	3·8	2·7	5·0	4·9	1·6

10장

미래 복

사업가가 투자를 하고 군인이 전쟁을 할 때 나아갈 때와 물러설 때를 안다면 성공 못할 사람은 없을 것이다. 성공과 실패의 관건은 시기이다. 사주도 마찬가지다. 완벽하게 좋은 사주도 없지만 나쁘기 만한 사주 또한 없다. 다만 나아갈 때와 물러설 때를 모르기 때문에 나쁜 사주의 주인공이 되어 팔자타령을 하게 되는 것이다. 사주를 통해 미래를 예측해 길운일 때 나아가고 흉운일 때 물러서서 준비할 줄 만 안다면 누구나 성공적 삶을 살아갈 수 있다.

사주팔자를 타고난 명(命)이라고 하고, 이 명(命)에 영향을 주는 흐름을 운(運)이라고 해 이 둘을 합해 운명(運命)이라고 한다. 운에는 10년 단위로 미래를 예측하는 '10년 단위 미래 복'과 1년 단위로 미래를 예측하는 '1년 단위 미래 복'으로 구분된다. 10년 단위 미래 복을 '대운(大運)'이라 하고, 1년 단위 미래 복을 '세운(歲運)'이라 하는데, 사람의 운명에 미치는 비중은 대운이 세운보다 훨씬 커서 대운을 중시한다.

10-1장

대운(大運)

운명의 흐름은 10년을 주기로 바뀌게 되는데, 사람의 평균 수명을 80살로 볼 때 누구나 8개의 주기를 갖게 된다. 10년 단위 대운(大運)의 흐름을 통해 미래 복을 예측한다. 10년 주기는 사람마다 시작점이 각각 다르다. 사람마다 전개되는 운의 사이클이 다르기 때문이다. 다음의 '예'를 통해 나의 '10년 단위 미래 복'인 대운을 알아보자.

'제공받은 키워드' 예

  대운 파악을 위한 주기표엔 인생 80년을 10년 단위의 8개 주기로 나누고 각 주기가 두 글자로 표현되는데, 글자의 기운에 따라 길운, 흉운, 평운이 평가된다. 아래의 표는 '예'로 든 남성에게 제공된 대운의 키워드이다.

  이 사람은 7살부터 16살까지의 1주기 10년은 경인(庚寅)이란 두 글자로 표현되어 '흉운'이 되었다. 2주기는 '대길운'이며 3, 4주기는 '평운'이고 5주기는 이 사람이 52살로 현재 살고 있는 기간으로서 '대길운'으로 인생의 절정기이다. 6, 7주기는 '흉운'이며 8주기는 '평운'으로 평가되었다.

주기	1	2	3	4	5	6	7	8
나이	7~16	17~26	27~36	37~46	47~56	57~66	67~76	77~86
내용	경인	기축	무자	정해	병술	을유	갑신	계미
평가	흉	대길	평	평	대길	흉	흉	평

평가 결과의 해석

대길(大吉)운
해당 주기의 두 글자가 모두 좋은 경우로 길운 중에서도 길운이며, 10년 주기 내내 좋은 기운이 작용한다.

길(吉)운
사주팔자의 취약점을 해소해 균형을 이루게 하는 좋은 기운이 작용하는 시기를 말한다.

평(平)운
좋지도 나쁘지도 않은 평범한 기운의 시기를 말한다.

흉(凶)운

사주팔자의 취약점을 더 크게 하는 나쁜 기운이 작용하는 시기이다.

대흉(大凶)운

해당 주기의 두 글자가 모두 나쁜 경우로 흉운 중에서도 흉운이며, 10년 주기 내내 나쁜 기운이 작용한다.

평가 결과에 대한 조치

우리가 미래를 예측하고자 하는 궁극적인 목표는 흉(凶)을 최소화하고 길(吉)을 극대화하는 데 있다. 이를 위해 어떻게 할 것인가?

대길운 / 길운

이때는 '나아갈 때'이다. 평운 때 현상 유지를 하면서 준비한 내용 또는 흉운 때 머물면서 공부하고 연구한 내용을 과감하게 실행에 옮기는 것이다. 일을 새로 시작하거나 확장하는 등 적극적 발전을 도모해 길운을 극대화할 때인 것이다.

평운

이때는 '현상을 유지할 때'이다. 일의 확장도, 축소도 하지 않고 현 상태 그대로를 잘 유지하는 때로, 역시 길운이 왔을 때를 대비해 준비하는 시기이다.

흉운 / 대흉운

이때는 '머물 때'이다. 해오던 일을 확장해서도 안 되고, 일을 새로 시도해서도 안 된다. 기다리던 길운이 왔을 때 길운을 극대화하기 위한 준비의 기회로 삼는 것이다. 이때 할 일은 첫째, 길운이 올 때를 묵묵히 기다리는 것이다. 둘째는 현재하고 있는 활동을 축소하는 것이다. 셋째는 운동으로 건강을 다지는 것이며, 넷째는 길운에 대비해 공부하고 연구하는 것이다.

운(運)별 조치

구분	조치
대길운	나아갈 때
길운	
평운	현상을 유지할 때
흉운	머물 때
대흉운	

대운 흐름의 형태

　대운의 흐름은 8개의 주기 중 길운이 어디에 있는가에 따라 일반형과 특수형으로 구분한다. 길운 국면이 청·장년기에 나타나는 삶을 일반형이라 하고, 길운이 초년기 또는 노년기에 나타나는 삶을 특수형이라 한다.
　다음 표에서 보듯이 일반형은 활발한 청·장년기에 상승하는 운의 흐름이므로 자연과 닮은 안정된 삶이라 할 수 있다. 반면에 특수형은 한창 성장하는 초년기나 안식이 필요한 노년기에 상승하므로 자연의 이치에 역행해 정신적 충격을 감내해야 하고 외로운 삶이란 점에서 바람직하지 않다. 여기서 명확한 사실은 일생의 전 기간이 길운으로만 흐르는 삶은 결코 없다는 것이다.

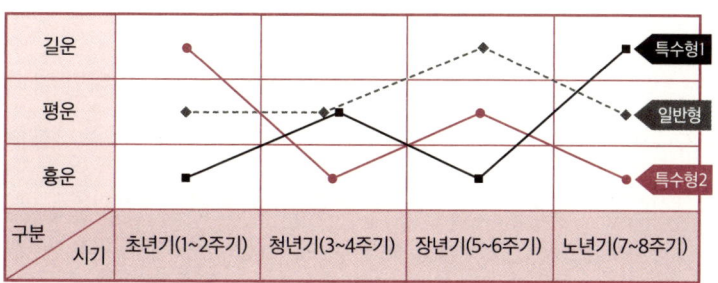

대운 흐름의 형태

'대운 풀이 결과' 예

　이 사람의 10년 단위 라이프 사이클을 도표로 나타내면 아래와 같다. 가로축은 나이를 뜻하는 주기로 1주기에서 8주기까지이며, 세로축은 밑에서 위로 대흉부터 대길까지 5가지로 구분했다. 어떤 때에 나아가고 어떤 때에 머물 것인지를 한눈에 볼 수 있다.

　이 사람은 왕성한 활동이 가능한 20대와 50대의 초년기와 장년기에 절정의 운을 누렸다. 대흉운의 기간이 없고, 흉운도 기간이 짧으면서 인생 후반에 배치되어 있어 전반적으로 일반형의 대운 흐름을 보이고 있는, 보통 이상의 운명을 지닌 사람이다.

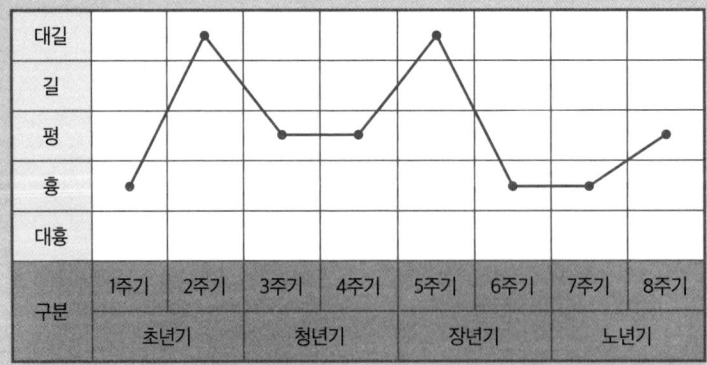

10년 단위 라이프 사이클

1주기인 10대 때는 흉운으로 불우한 환경에서 성장했으나, 2주기인 20대에 대길운이라 원하는 학교를 졸업하고 사회에 진출해 주변 사람들의 부러움을 받았다.

3, 4주기인 30~40대에는 평운으로 평범한 직장생활을 지속하다가, 5주기인 50대에 대길운으로 자신의 능력을 한껏 발휘해 인생의 절정기를 보내고 있다.

50대 후반부터 쇠퇴기에 접어들어 흉운인 60, 70대에는 다소 힘든 생활이 예측되므로 활동을 축소하고 건강을 유지하는 조치가 요구된다.

10-2장

세운

새해가 되면 많은 걱정들을 한다. '올해는 작년보다 살기가 좀 나아질까? 딸이 시집을 잘 갈 수 있을까? 군에서 제대하는 아들이 취직은 될까? 노모는 건강하실까?' 이런 걱정들 때문에 토정비결도 보고, 역술인을 찾아가서 1년 신수도 보곤 한다.

1년 단위의 운수를 세운(歲運)이라 하는데 몇 살에 재물이 들어올지, 승진할지, 결혼할지, 자식을 얻을지 등에 대한 구체적 운은 대운과 세운을 함께 살피는 것이 중요하지만 주로 세운을 파악함으로써 알 수 있다. 이 장에서는 세운, 즉 1년 단위 미래 복을 '예'를 통해 알아보자.

'제공받은 키워드' 예

2018년은 무술년, 2019년은 기해년이다. 세운의 글자는 누구나 똑같으나 사람마다 길·흉의 평가는 다르다. 해마다 글자의 기운이 사람마다 다르기 때문이다.

이 남성에게 제공된 세운의 키워드는 아래 표와 같다. 2018년은 대길운의 해이고 신살은 암록과 천살이 해당된다. 2019년과 2021년은 평운의 해이며, 신살은 복성과 지살, 그리고 월살이 제시되어 있다. 2020년과 2022년은 흉운의 해로 평가되었고, 신살도 각각 천을과 도화, 그리고 망신이 해당된다.

년도	2018년	2019년	2020년	2021년	2022년
내용	무술	기해	경자	신축	임인
평가	대길	평	흉	평	흉
신살	암록, 천살	복성, 지살	천을, 도화	월살	망신

평가 결과의 해석과 조치

대길운 / 길운

'나아갈 때'로, 일을 새로 시작하거나 확장하는 등 적극적 발전을 도모할 때이다. 승진·당선·합격·결혼·출산·사업·이사·명예 등이 예측된다. 신살의 길신은 그 해 길함을 북돋울 것이고, 흉신은 거의 작용력이 미미할 것이다.

평운

'현상을 유지할 때'로, 일의 확장도 축소도 하지 않고 현상태 그대로를 잘 유지하는 시기이다. 신살의 길신은 기분이 좋고, 흉신은 평소 생활에서 좀 더 유의할 사항이다.

흉운 / 대흉운

'머물 때'로, 해오던 일을 확장하거나 새로 시도하지 않는다. 건강이 위험할 가능성이 있으며, 가족과 다투거나 사건사고에 노출될 가능성이 있으므로 건강과 인간관계를 조심해야 한다. 신살의 길신은 작용력의 기대가 어렵고 흉신은 작용력이 활발하므로 매사 조심할 필요가 있다.

'세운 풀이' 결과 예

이 남성의 경우, 향후 5년에 대한 세운을 도표로 나타내보면 다음과 같다. 도표로 나타내는 방법은 대운과 동일하다. 어느 해에 나아가고 어느 해에 머물 것인지를 한눈에 볼 수 있다.

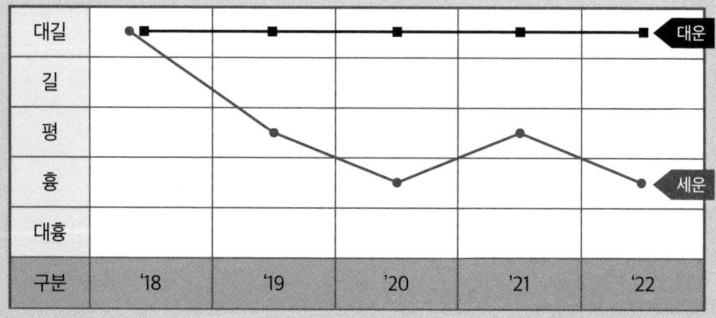

이 사람은 2018년(52살)부터 2022년(56살)까지의 세운을 볼 때 2018년이 대길로 정점을 찍은 후 평운 또는 흉운으로 하향세로 나타난다. 한편 대운을 보면 5주기에 해당되어 대길운이란 좋은 운로에 놓여 있다.

2018년은 대운과 세운이 대길로 일치하므로 탄탄대로가 될 것이다. 신살(1부 15장 참조)도 길신인 암록으로 보이지 않는 덕이 추가되어 기분이 좋다. 흉신인 천살은 대운과 세운이 대길운이므로 작용력은 미미할 것이나 천재지변에 관한 사전점검은 필요할 것이다.

　2020년과 2022년은 흉운이나 대운이 대길운에 있어 흉운은 거의 작용하지 못할 것이다. 그러나 일을 추진하는 데 있어 다소 유의는 할 필요가 있다. 2020년의 길신인 천을은 기대하기가 어렵고 도화도 흉신으로 작용할 가능성이 크므로 조심해야 할 것이다. 2022년도 흉신인 망신이 들어 있어 구설수와 자동차 사고를 조심할 필요가 있다.

'생활 사주풀이' 결과 예시

10가지 '생활 사주풀이' 결과를 1부 '기본 사주풀이' 결과와 연계해 종합하면 다음과 같다.

장	구분			결과
1	부모 복	기본 사주풀이 결과		• 고향을 떠나 자수성가 • 일찍 독립
		년주	편인, 비견	• 조상 덕이 없어 어려서 타향 또는 외국 생활 • 조상 덕이 없어 어려서 생가를 떠남
		월주	편관, 비견	• 부모덕 적음 • 부모형제의 덕이 있음
2	공부 복	기본 사주풀이 결과		• 머리가 영리 • 융통성(응용력)이 부족 • 유학과 해외여행이 좋음
		총명성	수/화/목 : 수 없음	기억력이 부족
		공부의욕	인성/관성 : 관성 있음	공부의욕이 있음
		전공	월지 십신 : 비견	• 전공을 가릴 필요가 없음 • 경쟁이 요구되는 계통
3	직업 복	기본 사주풀이 결과		• 공무원 또는 교사 직업 등이 어울림 • 성직자 등 종교계와 역학 및 한의사 등을 추구하면 좋음 • '목'과 관련된 직업이 좋음 • 기술성으로 전문직이 좋음
		잘 하는 직업	일간 오행 : 목	목재, 임업, 사회사업, 교육사업
			격국 : 비견격, 건록격	• 개인사업이 좋음 • 업무 영역이 확실한 공무원, 교사 등 봉급생활도 좋음
		하고 싶은 직업	용신 오행 : 화	주유소, 전기, 제철, 대민봉사
			용신 십신 : 상관	• 끼, 재/능력을 발휘할 수 있는 직업 • 활동적이고 적극적인 일

4	재물 복	기본 사주풀이 결과	• 평생 먹고사는 데는 문제가 없는 명식 • 재복은 없는 편 • 부자 되기 어려움 • 재물로 인한 어려움이 많음 • 자기 노력한 만큼의 대가로 삶
		12운성　　양(養)	사평(四平)에 해당되어 재복은 보통
5	출세 복	기본 사주풀이 결과	• 관(官)쪽으로 아쉬움이 있음 • 군이나 관으로 진출 시 크게 성공
		12운성　　관대(冠帶)	출세복 있음
6	배우자 복	기본 사주풀이 결과	• 공처가 • 처에 풍파가 많음 • 처를 상하게 하거나, 처가 무력해 덕이 없음
		일지 십신 : 편재	• 첩 같은 부인으로 부담스러우나 명쾌
7	노후 및 자식 복	기본 사주풀이 결과	• 자식이 총명하나 속을 썩임 • 자식에 풍파가 많음 • 자식과 떨어져 사는 것이 좋음 • 인생 후반에 발복, 노후가 편안
		시주 십신 : 상관, 정재	• 자식 복이 약하나 노후에는 좋음
8	건강 복	기본 사주풀이 결과	• 건강하고 장수 • 비위(脾胃)가 약함 • 유연성이 지나쳐서 정신력이 허약 • 신장과 방광이 약하고 당뇨가 오기 쉬움 • 간과 폐계통의 질병을 조심해야 함
		목 태과, 수 불급	• 비장과 위장, 폐와 대장을 조심
9	생활 복	용신 오행 '화'	• 계절은 여름이 좋으므로 여름을 잘 활용 • 책상이든 침대든 남쪽을 바라보게 배치 • 쓴맛의 음식과 과일을 지나치지 않다면 챙겨 먹음 • 옷은 물론 사용하는 방과 사무실 등 생활공간을 빨간색으로 디자인 • 행운의 숫자는 2와 7

10	미래 복	대운	• 왕성한 활동이 가능한 20대와 50대의 청년기와 장년기에 절정의 운을 누린 반면에 대흉운의 기간이 없고, 흉운도 그 기간이 짧으면서 인생 후반에 배치되어 있어 전반적으로 보통 이상의 운명을 지님 • 10대 때는 흉운으로 불우한 환경에서 성장했으나, 20대에 대길운이라 원하는 학교를 졸업하고 사회에 진출해 주변 사람들의 부러움을 받음 • 20대 후반에 결혼을 하고 평운인 30~40대에 평범한 직장생활을 지속하다가 대길운인 50대에 자신의 능력을 한껏 발휘해 인생의 절정기를 보냄 • 50대 후반부터 쇠퇴기에 접어들어 흉운인 60, 70대에는 다소 힘든 생활이 예측됨
		세운	• 2018년은 대운과 세운이 대길로 일치하므로 탄탄대로의 해 • 신살도 길신인 암록으로 보이지 않는 덕이 추가되어 기분이 좋음 • 흉신인 천살은 대운과 세운이 대길운이므로 작용력은 미미할 것이나 천재지변에 관한 사전점검은 필요 • 2020년과 2022년은 흉운이나 대운이 대길운에 있어 흉운을 거의 고려하지 않으나 일을 추진하는 데 있어 다소 유의할 필요가 있음 • 2020년의 길신인 천을은 기대하기가 어렵고 도화도 흉신으로 작용할 가능성이 크므로 조심할 필요가 있음 • 2022년도 흉신인 망신이 들어 있어 구설과 자동차 사고를 조심해야 함

나오며

이 책으로 자신을 알고,
인생을 설계하라

　이 책을 통한 사주풀이의 결과를 종합해보면 내용이 서로 상충되는 경우가 있다.
　첫째, 기본 사주풀이 결과와 생활 사주풀이 결과가 서로 상충되는 경우이다. 기본 사주풀이에서는 부모 복이 '없다'고 하고, 생활 사주풀이에서는 '있다'고 한다면 기본 사주풀이의 내용을 우선한다. 여러 요소를 파악해 종합한 내용인 기본 사주풀이 결과의 신뢰도가 더 높기 때문이다.
　둘째, 기본 사주풀이 결과든 생활 사주풀이 결과든 자체 내에서 결과가 서로 상충될 경우이다. 기본 사주풀이 15개 요소 중 이쪽 요소로 볼 때는 '재복이 있다'고 하고, 저쪽 요소로 보면 '재복이 없다'고 나오는 경우에 이를 해석하면 '재복이 있기도 하고 없기도 하다'는 것인데 문제는 시기이다. 길운인 때에는 재복이 있게 되고, 흉운인 때에는 재복이 없게 된다는 말이다. 그래서 언제 길운이 되고 흉운이 되느냐를 아는 것이 중요하다.

셋째, 미래 운에서 대운과 세운이 서로 상충될 때이다. 이런 경우 대운이 우선이다. 대운이 길운인데 세운이 흉운이라면, 세운의 흉운은 거의 고려하지 않아도 된다. 반면에 대운은 흉운이고 세운이 길운이라면, 그 해는 대운의 흉운이 지배하되 세운이 길운이기 때문에 대운의 흉이 다소 상쇄되는 효과가 있다.

이 책의 사주풀이를 신뢰할 수 있는 이유는 크게 4가지를 들 수 있다.

첫째, 25개 요소의 명리역학 이론을 거의 망라하고 있기 때문이다.

둘째, 기본 사주풀이 15개 요소는 각각 독립성을 갖고 있어 한 가지 사실을 두고 15번을 반복해 확인하는 효과가 있기 때문이다.

셋째, 생활 사주풀이 10개 요소 또한 기본 사주풀이 내용에 대한 또 다른 관점의 확인 및 검증을 하고 있다.

넷째, 25개 요소의 사주풀이 내용 전체를 종합해보면 돈과 명예와 사랑과 건강에 대한 자신의 운명이 선명하게 드러난다는 점이다.

누군가는 사주풀이를 통해 자신을 안다는 것에 거부감을 나타내는 사람도 있다. 나쁘다고 풀이 되는 내용이 두렵고, 운명인데 어쩔 거냐는 것이다. 차라리 모르는 게 낫다는 주장이다. 매우 위험한 생각이다. 눈을 감고 죽을 때까지 가보자는 것이나 다름 아니기 때문이다.

변화되지 않는 운명은 없다. 의지와 노력으로 운명은 바꿀 수가 있다. 나쁘다고 풀이된 사주를 알기만 해도 국면 전환을 할 수 있는 자기 동기화가 이뤄지기 때문이다.

자신을 알고 인생을 설계하는 삶은 지혜롭다. 자신이 가난하다는 사실을 모르면 가난을 탈출할 수 없고, 자신이 미움 받는다는 사실을 모르면 결코 사랑 받을 수 없다. 이 책으로 자신을 파악하고 한 단계 발전하는 삶이 되면 좋겠다.

| **참고문헌** |

강헌, 『명리 1』, 돌베개, 2016.
강헌, 『명리 2』, 돌베개, 2016.
고미숙, 『나의 운명 사용설명서』, 북드라망, 2012.
고해정, 『사주학 정해』, 한빛출판미디어, 2009.
김동완, 『사주명리학 완전정복』, 동학사, 2005.
_____, 『사주명리학 초보탈출』, 동학사, 2006.
_____, 『사주명리학 격국특강』, 동학사, 2012.
_____, 『사주명리학 물상론 분석』, 동학사, 2013.
_____, 『사주명리학 용신특강』, 동학사, 2013.
김병숙, 『은퇴후 8만 시간』, 조선북스, 2012.
김상연, 『명(命)』, 갑을당, 2007.
김승호, 『돈보다 운을 벌어라』, 쌤앤파커스, 2013.
김우재, 『사주와 성명학』, 명문당, 2003.
김윤중, 『사주학 길라잡이』, 관음 출판사, 2000.
김종국, 『사주카페 철학 에세이』, 한솜미디어, 2010.
_____, 『사주추명 백문백답』, 한솜미디어, 2010.
_____, 『사주 팔언독가』, 한솜미디어, 2010.
_____, 『격국용신론』, 한솜미디어, 2010.
김준식·박민생·차대운·김정수, 『핵심 조직행동론』, 대명, 2007.
김한식, 『인터넷 사주로 운명 풀어보기』, 도서출판 예가, 2000.
노영준, 『역학사전』, 경덕출판사, 2006.
박민생·변상우, 『지식시대의 인적자원 관리』, 무역경영사, 2006.

박상원, 『예쁜 이름 좋은 이름 1000』, 동학사, 2014.
박인태, 『자연과 풍수지리』, 넥센미디어, 2018.
신응섭 외, 『리더십의 이론과 실제』, 학지사, 2004.
심재열, 『명리정종정해』, 명문당, 2016.
원 종, 『이제 내사주 내가 본다』, 서울출판, 2003.
윤경철, 『대단한 하늘여행』, 푸른길, 2011.
이석영, 『사주첩경1권』, 한국역학교육학원, 1969.
_____, 『사주첩경2권』, 한국역학교육학원, 1969.
_____, 『사주첩경3권』, 한국역학교육학원, 1969.
_____, 『사주첩경4권』, 한국역학교육학원, 1969.
_____, 『사주첩경5권』, 한국역학교육학원, 1969.
_____, 『사주첩경6권』, 한국역학교육학원, 1969.
장영철, 『팔로어중심 리더십』, 부산외국어대학교 출판부, 2012.
장세엽, 『누구나 쉽게 따라하는 사주풀이』, 원앤원 스타일, 2014.
정승안, 「역과 점의 사회학적 고찰」, 부산대학교 박사논문, 2008.
조용헌, 『사주명리학 이야기』, 생각의 나무, 2007.
최창조, 『풍수이론』, 민음사, 2009.
황현성, 『사주명리학 개론』, 회향수도원, 1998.
_____, 『사주명리학 신살론』, 회향수도원, 1999.
_____, 『사주명리학 원론』, 회향수도원, 2001.
_____, 『명주 간법론』, 회향수도원, 2006.
요시다 덴세, 구현숙 역, 『리더십 & 팔로워십』, 멘토르, 2012.
폴 뮤친스키, 유태용 역, 『산업 및 조직 심리학』, 시그마프레스, 2012.
폴 허어시, 김남현 역, 『조직행동의 관리』, 경문사, 2000.

■ 독자 여러분의 소중한 원고를 기다립니다

메이트북스는 독자 여러분의 소중한 원고를 기다리고 있습니다. 집필을 끝냈거나 집필중인 원고가 있으신 분은 khg0109@hanmail.net으로 원고의 간단한 기획의도와 개요, 연락처 등과 함께 보내주시면 최대한 빨리 검토한 후에 연락드리겠습니다. 머뭇거리지 마시고 언제라도 메이트북스의 문을 두드리시면 반갑게 맞이하겠습니다.

■ 메이트북스 SNS는 보물창고입니다

메이트북스 홈페이지 matebooks.co.kr

홈페이지에 회원가입을 하시면 신속한 도서정보 및 출간도서에는 없는 미공개 원고를 보실 수 있습니다.

메이트북스 유튜브 bit.ly/2qXrcUb

활발하게 업로드되는 저자의 인터뷰, 책 소개 동영상을 통해 책에서는 접할 수 없었던 입체적인 정보들을 경험하실 수 있습니다.

메이트북스 블로그 blog.naver.com/1n1media

1분 전문가 칼럼, 화제의 책, 화제의 동영상 등 독자 여러분을 위해 다양한 콘텐츠를 매일 올리고 있습니다.

메이트북스 네이버 포스트 post.naver.com/1n1media

도서 내용을 재구성해 만든 블로그형, 카드뉴스형 포스트를 통해 유익하고 통찰력 있는 정보들을 경험하실 수 있습니다.

STEP 1. 네이버 검색창 옆의 카메라 모양 아이콘을 누르세요.   STEP 2. 스마트렌즈를 통해 각 QR코드를 스캔하시면 됩니다.
STEP 3. 팝업창을 누르시면 메이트북스의 SNS가 나옵니다.